믿음은
동사다

믿음은 동사다

지은이 | 조성헌
초판 발행 | 2019. 8. 21

등록번호 | 제1988-000080호
등록된 곳 | 서울특별시 용산구 서빙고로 65길 38
발행처 | 사단법인 두란노서원
영업부 | 2078-3352 FAX | 080-749-3705
출판부 | 2078-3331

책값은 뒤표지에 있습니다.
ISBN 978-89-531-3590-1 03230 Printed in Korea

독자의 의견을 기다립니다.
tpress@duranno.com www.duranno.com

믿음은
동사다

조성헌 지음

두란노

||||||

목차

성숙한 성도를 만나는 기쁨

저는 한국 교회를 향한 꿈과 비전이 있습니다. 설교학을 가르치는 교수로서 제가 가르치는 하나님의 귀한 종들이 한국 교회의 거룩한 강단에서 자신의 말이 아닌 하나님의 말씀을 전하도록 돕는 것을 저의 사명으로 여기고 있습니다. 그래서 저는 늘 '성경적인 설교'가 무엇인지를 하나님에게 여쭈며, 이 문제에 천착해 왔습니다. 설교란 영혼을 살리는 일이기 때문입니다.

초대 교회에는 바울의 열심을 따를 자가 없었습니다. 예수님을 만나기 전에는 교회를 핍박하는 데 앞장섰고, 예수님을 만난 뒤에는 선교 사역에 모든 것을 바쳤습니다. 가히 영적 대가라고 할 만합니다. 그만한 사람은 전에도 없었고, 아마 앞으로도 없을 것입니다. 그런데 그런 위대한 바울이 자신은 완전하지 않다고 고백합니다.

"내가 이미 얻었다 함도 아니요 온전히 이루었다 함도 아니라 오직 내가 그리스도 예수께 잡힌바 된 그것을 잡으려고 달려가노라 형제들아 나는 아직 내가 잡은 줄로 여기지 아니하고 오직 한 일 즉 뒤에 있는 것은 잊어

버리고 앞에 있는 것을 잡으려고"(빌 3:12-13).

하물며 우리는 어떻겠습니까? 그의 말대로, 이 땅에서 그 누구도 영적으로 온전함에 이를 수 없습니다. 다만 앞에 있는 주님의 손을 잡으려고 내달릴 뿐입니다. 우리는 하나님 앞에서 솔직하고 겸손하게 자신의 영적인 부족함을 인정해야 합니다. 교회와 자신의 불완전함에 낙심하거나 실망할 필요가 없습니다. 왜냐하면 완전하신 예수님이 우리를 붙잡고 계시기 때문입니다.

인생에도 사칙연산이 있습니다. 우리 인생에 무엇을 더하고 빼고 곱하고 나누느냐에 따라 마지막 결산이 달라질 것입니다. 그중에서도 곱하기를 잘해야 합니다. 우리는 평생 자신이 귀하게 여기는 것을 쌓고 쌓는데, 자칫 잘못하면 0을 곱할 수 있기 때문입니다. 그러면 모조리 잃고 빈손으로 결산을 마칠 것입니다. 그러나 무한대를 곱하면, 평생 고작 한 달란트만을 벌었더라도 무한대로 마칠 것입니다.

인생에서 0은 무엇이고, 무한대는 무엇입니까? 0은 허무요, 무한대는 하나님의 은혜입니다. 인생의 연산에 하나님이 계시느냐 안 계시느냐에 따라 결과는 천지 차이입니다. 하나님이 없는 삶은 아무리 쌓고 쌓아도 바벨탑과 같이 허무함으로 끝나고, 하나님의 주권을 인정하는 삶은 성전과 같이 빛날 것입니다. 하나님의 주권을 인정하느냐 인정하지 않느냐에 따라 개인과 가정과 후대에까지 영향이 미치며, 나아가 한 나라의 운명이 달라집니다.

우리는 그리스도를 주로 고백하는 거룩한 제자, 즉 성도(聖徒)입니다. 우리는 구원받은 날부터 하나님이 부르실 그날까지 하나님에게 붙잡힌 바 되었음을 기억해야 합니다. 우리 인생의 목적은 하나님에게 영광을 돌리는 것입니다. 그러기 위해서는 예수 그리스도 안에서 날마다 영적으로 성숙해져 가야 합니다.

어린아이가 어느 날 갑자기 벌떡 일어서서 제 힘으로 걷는 일은 없습니다. 부모의 손을 잡고 날마다 걷는 훈련을 해야 합니다. 실은 부모가 아이를 붙잡고 있는 것입니다. 부모가 버팀목이 되어 아이를 지탱해 주고, 아이에게 필요한 것을 공급해 주며 앞으로 나아갈 수 있도록 인도해 주는 것입니다.

하나님과 동행하는 삶이 버겁게 느껴질 수 있습니다. 그러나 실은 하나님이 우리 인생의 무게를 오롯이 짊어지고 계십니다. 우리는 하나님이 우리를 붙잡아 인도하고 계심을 믿어야 합니다. 하나님은 우리를 온전함이나 완벽함이 아닌 성숙을 향해 인도해 주십니다.

어떤 사람이 찰스 스펄전 목사를 찾아왔습니다. 그는 이 위대한 설교자에게 "나는 흠 없이 완전한 교회를 찾고 있습니다. 당신의 교회는 어떻습니까? 흠 없이 완전한 교회라면 당신 교회에 다니고 싶습니다"라고 말했습니다. 그러자 스펄전 목사가 이렇게 대답했다고 합니다.

"우리 교회에는 좋은 사람들이 많습니다. 거룩하고 진실한 성도들이 모였기 때문입니다. 하지만 예수님의 열두 제자 중에 가룟 유다가 있었듯이, 우리 교회에도 유다와 같은 배신자가 있을 수 있고, 고린도교회나 갈라디아교회, 빌립보교회, 골로새교회, 데살로니가교회처럼 우상을 섬기는 사람이 있을 수 있으며, 주님에게 합당하지 않은 삶을 사는 사람이 있을 수도 있습니다. 아무래도 우리 교회는 당신이 찾는 교회가 아닌 것 같습니다. 사실, 과연 역사상 흠 없이 완전한 교회가 있었는지 의문입니다. 당부하건대, 완전한 교회를 발견하더라도 그 교회에 다니지 마십시오. 곧 흠 있는 교회가 되어 버릴 테니 말입니다."

우리는 완벽한 교회, 완벽한 리더를 찾지만, 세상에 완벽한 교회나 완벽한 리더는 없습니다. 세상에 의인은 없나니 하나도 없기 때문입니다

(롬 3:10 참조). 이 사실을 인정하면 겸손하지 않을 수 없습니다. 성도는 영적으로 성숙할수록 겸손해집니다.

그리스도의 성육신만큼 겸손을 보여 주는 예가 없습니다. 삶에서 드러나는 예수 그리스도의 흔적이야말로 바로 우리의 겸손입니다. 그리스도에게 붙잡힌바 됨을 잊지 않고 하나님 앞에 불려갈 때까지, 아니 예수 그리스도가 오시는 그날까지 모든 어려움을 이겨 내며 하나님을 기쁘시게 하겠다는 한 가지 소원을 품는 것이 겸손한 성도가 보여 주는 성숙입니다.

하나님은 예수 그리스도를 위해 죽고 예수 그리스도를 위해 사는 한 사람을 찾으십니다. 예수님이 기뻐하시는 일이라면 무엇이든 말하고 행하는 성숙한 성도를 찾으십니다. 가라 하시면 가고, 멈추라 하시면 멈추는 성숙한 성도를 찾고 계십니다.

모두가 힘들고 어렵다고 분노하는 이 시대에 저는 성숙한 성도를 만나는 기쁨을 주님에게 올려 드리고 싶었습니다. 성숙한 성도의 믿음은 동사입니다. 곧 움직이는 믿음을 가졌다는 것입니다. 성숙한 성도가 되기 위해, 곧 움직이는 믿음을 갖기 위해 우리는 말씀을 배워야 합니다. 그리고 말씀 속에 계시된 예수를 만나야 합니다. 예수를 만나 은혜를 누리며 그 안에서 믿음을 지켜야 합니다. 그럴 때 우리는 하나님에게 영광 돌리는 삶을 살게 될 것입니다. 이것이 바로 성숙으로 나아가는 길입니다.

예수님의 흔적이 있는 성숙한 성도가 장차 하늘의 상급을 받을 것입니다. 그러나 그전에 이 땅에서 교회의 희망, 민족의 희망, 열방을 향한 복음 전도의 희망이 될 것입니다. 저와 여러분이 하나님을 기쁘시게 하는 성숙한 성도가 되기를 주님의 이름으로 간절히 축원합니다.

부족한 종의 설교를 경청해 준 개신대학원대학교 구성원들과 종암중앙교회 성도님들, 그리고 이 책이 나오기까지 사랑의 수고를 아끼지 않은 두란노서원에 감사를 드립니다. 평생의 삶으로 '믿음은 동사다'임을 보여주신 존경하는 아버지와 어머니, 제 사역에 큰 힘이 되어 주는 아내와 세 자녀와도 감사를 나누고 싶습니다. 마지막으로 나의 나 된 것은 주님이 하셨음을 고백하며 하나님께 모든 영광 돌립니다. S. D. G.

2019년 8월

조성헌

1부

말씀을
배우다

Only Bible

01

부르짖다

||||||||

세상을 향해 말씀의 진리를 외치라

딤후 3:15-17

표준국어대사전 **부르짖다**

"큰 기쁨이나 슬픔, 고통 따위의 격한 감정을 억누르지 못하여 소리 높여 크게 떠들다."

말씀을 외칠 때 일어나는 변화

우리는 하나님의 말씀과 하나님의 기록된 말씀인 성경을 무시하는 시대를 살고 있습니다. 과학이 발전하고 문명이 발달했는데 고지식한 성경이 무슨 소용 있느냐고 생각합니다. 그러나 말씀의 능력을 알지 못하고, 깨닫지 못하고, 체험해 보지 못했기에 인정하지 않는 것입니다. 무지한 탓에 하나님의 말씀을 무시합니다.

홍수로 세상을 심판하시리라는 하나님의 말씀을 노아 가족 외에는 아무도 믿지 않았습니다. 방주 문이 닫히고 하나님이 말씀하신 대로 비가 퍼붓기 시작하자 "땅 위에 움직이는 생물이 다 죽었으니"(창 7:21) 세상 사람들에게 때는 이미 늦었습니다. 지금도 세상 사람들은 예수님이 다시 오실 것이라는 사실을 인정하지 않습니다. 유대인들은 아직도 메시아를 기다리고 있습니다. 하지만 주님이 다시 오시면, 이번에도 그들은 때를 놓치고 말 것입니다.

그러나 우리는 성경이 곧 하나님의 말씀임을 믿으며, 성경의 계시를 진지하게 인식하는 그리스도인입니다. 마지막 날이 오기까지 우리는 성경의 권위를 인정하고, 성경의 계시를 신뢰하며 소망할 것입니다. 우리 믿음의 근거는 오직 '말씀'에 있습니다. 그렇다면 말씀을 외칠 때 성도에게 어떤 변화가 일어날까요?

하나님의 말씀이 이루어짐을 믿음

첫째, 하나님의 말씀이 하나님의 때에 반드시 이루어질 것을 믿게 됩니다. 구약의 예언대로 말씀이 육신이 되어 이 땅에 오셨던 것처럼, 만왕의 왕이 신약의 계시대로 다시 오실 것을 믿는 것입니다.

그런데 예수님의 재림을 믿지 않는 사람들은 초대 교회에도 있었습니다. 베드로는 말세에, 곧 마지막 때에 사람들이 하나님의 말씀을 듣고도 무시할 것이라고 말합니다.

"먼저 이것을 알지니 말세에 조롱하는 자들이 와서 자기의 정욕을 따라 행하며 조롱하여 이르되 주께서 강림하신다는 약속이 어디 있느냐 조상들이 잔 후로부터 만물이 처음 창조될 때와 같이 그냥 있다 하니 이는 하늘이 옛적부터 있는 것과 땅이 물에서 나와 물로 성립된 것도 하나님의 말씀으로 된 것을 그들이 일부러 잊으려 함이로다 이로 말미암아 그때에 세상은 물이 넘침으로 멸망하였으되 이제 하늘과 땅은 그 동일한 말씀으로 불사르기 위하여 보호하신바 되어 경건하지 아니한 사람들의 심판과 멸망의 날까지 보존하여 두신 것이니라"(벧후 3:3-7).

조롱하는 자들은 예수님의 다시 오신다는 약속이 이루어지기는 하느냐며 비웃습니다. 예수님이 느림보라서 그러실까요? 아니면 약속을 잊으신 걸까요? 그것도 아니면 처음부터 지키지도 못할 약속을 하셨던 걸까요? 이유는 하나입니다. 기다리시기 때문입니다. 주님은 "오래 참으사 아무도 멸망하지 아니하고 다 회개하기에 이르기를"(벧후 3:9) 원하기에 기다리십니다. 우리만 주님을 기다리는 게 아니라 주님도 우리를 기다리신다는 사실을 알아야 합니다.

말씀으로 세상을 창조하신 하나님이 말씀으로 세상을 심판하실 것입니다. 그게 어떻게 가능합니까? 하나님의 말씀은 사람의 말과 본질적으로 다르기에 가능합니다. 사람의 말은 어느 정도 영향력이 있습니다. 잠언도 지혜로운 말의 영향력을 강조합니다. 그러나 하나님의 말씀에는 근본적으로 다른 차원의 능력이 있습니다. 창조의 능력뿐 아니라 살리고 죽이는 심판의 능력도 있습니다. 따라서 성경의 능력은 창조의 능력이며, 부활의 능력이며, 재림과 심판의 능력입니다.

그뿐만 아니라 하나님은 "내 입에서 나가는 말"이 "헛되이 내게로 되돌아오지 아니하고 나의 기뻐하는 뜻을"(사 55:11) 이루리라고 선포하셨습니다. 하나님의 말씀은 반드시 이루어지며, 성경에 기록된 것은 한

점, 한 획도 바뀌거나 없어지지 않을 것입니다. 우리는 성경의 능력을 알고, 그 능력을 체험해야 합니다.

성령을 의지함

둘째, 말씀을 외치는 성도는 전적으로 성령을 의지합니다.

"모든 성경은 하나님의 감동으로 된 것으로 교훈과 책망과 바르게 함과 의로 교육하기에 유익하니 이는 하나님의 사람으로 온전하게 하며 모든 선한 일을 행할 능력을 갖추게 하려 함이라"(딤후 3:16-17).

성경은 하나님의 감동으로 된 것이므로, 하나님의 영이신 성령의 도움 없이는 성경을 이해할 수 없습니다. 그러니 실천할 수도 없습니다. 성령의 역사가 없는 사람에게 말씀으로 교훈하고 책망해 봤자 무슨 소용이 있겠습니까? 아마 욕이나 듣게 될 것입니다. 불의의 자녀를 의로 교육할 수 있을까요? 불가능합니다.

하지만 그리스도의 피로 사신 의의 자녀들이 말씀을 읽으면 놀라운 일이 일어납니다. 성령으로 말미암아 말씀을 통해 교훈과 책망을 받으며, 의로 교육받을 수 있습니다. 육신의 정욕을 좇던 사람이 온전해지고, 말과 행동과 사고가 예수님을 닮아 갑니다. 걱정과 두려움에 사로잡혔던 사람이 기쁨과 사랑으로 채워집니다. 분노와 시기와 질투로 가득

했던 사람이 온유하고 겸손해집니다. 이 모두가 말씀을 읽음으로써 이루어지는 일입니다.

예수님이 제자들과 마지막 만찬을 나눌 때 유언처럼 하신 말씀이 있습니다. 예수님이 성령에 관해 직접 가르쳐 주신 유일한 말씀입니다.

"내가 아직도 너희에게 이를 것이 많으나 지금은 너희가 감당하지 못하리라 그러나 진리의 성령이 오시면 그가 너희를 모든 진리 가운데로 인도하시리니 그가 스스로 말하지 않고 오직 들은 것을 말하며 장래 일을 너희에게 알리시리라"(요 16:12-13).

예수님과 3년 동안 동고동락했던 그들도 성령의 도움 없이는 모든 진리를 이해하지 못한다는 것입니다. 그러나 성령이 임하시면 이야기가 달라집니다. 실제로, 마가의 다락방에 성령이 임하시자 그 후로 제자들의 인생이 달라졌습니다.

말씀을 사모하는 성도는 성령을 사모하며 성령에게 의지합니다. 바리새인들은 예수님의 제자들보다 성경에 관해 훨씬 박식했습니다. 그런데 세상을 바꾼 이들은 박식한 바리새인들이 아니라 성령에 사로잡힌 제자들이었습니다. 마지막 시대를 살아가는 우리도 마찬가지입니다. 말씀을 통한 성령의 감동과 역사 없이는 세상을 감당할 수 없습니다.

그러나 하나님의 말씀인 성경을 대하는 것은 심히 두렵고 떨리는 일입니다. 왜 그렇습니까? 이에 관한 베드로의 충고를 들어 보십시오.

"먼저 알 것은 성경의 모든 예언은 사사로이 풀 것이 아니니 예언은 언제
든지 사람의 뜻으로 낸 것이 아니요 오직 성령의 감동하심을 받은 사람들
이 하나님께 받아 말한 것임이라"(벧후 1:20-21).

그렇습니다. 성경은 인간의 말이 아닌 하나님의 말씀이기 때문입니
다. 하나님의 말씀을 인간적인 방법으로, 즉 자기 마음대로 해석하거나
가르치지 않도록 주의해야 합니다. 특히 하나님의 말씀을 전하는 목회
자는 자기도 모르는 사이에 하나님의 말씀이 곧 자기 말씀이고, 자기 말
씀이 곧 하나님의 말씀인 듯 착각할 수 있으니 더욱 주의해야 합니다.
  '성령의 감동하심을 받은 사람들이 하나님께 받아' 쓴 말씀을 올바로
묵상하고 해석하는 것은 성령의 도움 없이는 불가능한 일입니다. 그러
므로 말씀을 읽는 성도가 구할 것은 다름 아닌 성령 충만입니다. 그렇다
면 성령 충만한 삶이란 어떤 삶입니까? 요한복음에서 그 답을 찾을 수
있습니다.

"너희가 내 안에 거하고 내 말이 너희 안에 거하면 무엇이든지 원하는 대
로 구하라 그리하면 이루리라 너희가 열매를 많이 맺으면 내 아버지께서
영광을 받으실 것이요 너희는 내 제자가 되리라"(요 15:7-8).

우리가 예수님 안에 거하고 말씀이 우리 안에 거하면 무엇을 구하든
지 하나님이 이루어 주시고, 많은 열매를 맺어 하나님에게 영광을 돌릴
수 있게 됩니다. 그런 삶이 바로 성령 충만한 삶입니다. 그러니 말씀과

더불어 성령을 사모해야 하지 않을까요?

성경의 핵심에서 벗어나지 않음

셋째, 말씀을 외치는 성도는 성경의 핵심을 놓치지 않습니다. 하나님의 말씀이 곧 성경이며, 성경이 곧 하나님의 말씀입니다.

종교마다 경전이 있습니다. 우리에게 성경이 있듯이 불교에는 불경이, 이슬람교에는 코란이 있습니다. 석가의 깨달음을 기록한 불경은 자비와 선행을 강조합니다. 성경은 지혜와 사랑을 가르칩니다. 예수님은 "새 계명을 너희에게 주노니 서로 사랑하라 내가 너희를 사랑한 것같이 너희도 서로 사랑하라"(요 13:34)고 가르치셨습니다. 선행과 자비의 원동력이 바로 사랑입니다. 그리고 하나님이 곧 사랑이십니다. 하지만 이것으로 죄의 근본 문제가 해결되지는 않습니다. 이것은 믿음 생활을 위한 가르침일 뿐입니다.

하나님의 말씀, 곧 성경이 전하는 것은 복음입니다. 복음(福音)이란 '좋은 소식'입니다. 우리에게 필요한 것은 육신의 죽음과 영적 죽음에서 구원받는 것이고, 성경이 이 문제를 정확히 짚으며 하나님의 구원이라는 궁극적인 해답을 보여 주고 있습니다.

성경의 궁극적인 목적은 무엇입니까? 우리로 하여금 죄인임을 깨달아 예수 그리스도를 믿고 구원을 얻게 하기 위함입니다. 사도 바울은 이렇게 말합니다.

"또 하나님이 이방을 믿음으로 말미암아 의로 정하실 것을 성경이 미리 알고 먼저 아브라함에게 복음을 전하되 모든 이방인이 너로 말미암아 복을 받으리라 하였느니라 … 그러나 성경이 모든 것을 죄 아래에 가두었으니 이는 예수 그리스도를 믿음으로 말미암는 약속을 믿는 자들에게 주려 함이라"(갈 3:8, 22).

즉, 성경은 죄로 인해 죽을 수밖에 없는 우리를 살리려고 오실 예수 그리스도의 구원의 소망을 태초부터 계시해 오신 하나님의 사랑의 편지인 것입니다. 따라서 성경을 읽고 해석할 때는 하나님의 구속 역사라는 맥락에서 이해하는 것이 중요합니다. 그래야만 부분적인 이해에서 비롯된 그릇된 가르침을 피할 수 있으며, 하나님의 뜻을 올바로 이해하고, 그 뜻에 순종하며 살아갈 수 있습니다.

예수님이 곧 말씀이심을 믿음

마지막으로, 말씀을 외치는 성도는 예수님이 곧 말씀이심을 믿습니다. 사도 요한은 예수님에 관해 "말씀이 육신이 되어 우리 가운데 거하시매 우리가 그의 영광을 보니 아버지의 독생자의 영광이요 은혜와 진리가 충만하더라"(요 1:14)라고 증언합니다. 또 계시록에서는 "그가 피 뿌린 옷을 입었는데 그 이름은 하나님의 말씀이라 칭하더라"(계 19:13)라고 선포합니다.

'피 뿌린 옷'을 입으신 이가 누구입니까? 바로 예수 그리스도이십니다. "그 눈은 불꽃같고 그 머리에는 많은 관들이"(계 19:12) 있는 이가 백마를 타고 오시어 철장으로 다스리실 것입니다. 만왕의 왕이 짐승과 거짓 선지자와 짐승의 표를 받은 자들을 심판하실 것입니다. 그의 이름은 "충신과 진실"(계 19:11)인데, 곧 하나님의 말씀이십니다.

사도 바울은 "만물이 그에게서 창조되되 하늘과 땅에서 보이는 것들과 보이지 않는 것들과 혹은 왕권들이나 주권들이나 통치자들이나 권세들이나 만물이 다 그로 말미암고 그를 위하여 창조"(골 1:16)되었다고 말합니다. 하나님은 말씀으로 천지를 창조하셨고, 말씀이 곧 하나님이신데, 이 말씀이 바로 예수 그리스도이십니다.

태초에 하나님과 함께 계셨던 말씀이 2천여 년 전 아기로 이 땅에 오셨고, 구약의 약속을 성취하셨습니다. 하늘로 올라가신 예수 그리스도는 약속하신 그날에 다시 오실 것입니다. 성경은 하나님의 영이신 성령으로 쓰였으므로 성령의 도움 없이는 계시를 온전히 이해할 수 없습니다. 이해할 수 없다고 해서 성경을 부인한다면 말씀이신 예수 그리스도를 부인하는 것이고, 말씀이 믿기지 않으면 예수님을 믿지 못하는 것입니다.

마틴 루터(Martin Luther)와 종교 개혁자들은 하나님의 기록된 말씀인 성경을 목숨처럼 여겼습니다. 믿음의 선조들 역시 그랬습니다. 심지어 성경책 자체를 귀하게 여겨서 함부로 다루지 않았습니다. 말씀이 곧 예수 그리스도이심을 고백한다면 성경을 대하는 태도가 어찌 달라지지 않겠습니까? 경건한 마음으로 성경책을 펴서 읽는다면 어찌 예수 그리스도를 발견하지 못하겠습니까?

우리는 500여 년 전 종교 개혁자들이 외쳤던 '오직 성경'(Sola Scriptura)
이라는 믿음을 오늘날 회복해야 합니다. 그동안 별반 달라지지 않은 세
상에 다시 한 번 목소리 높여 개혁을 외쳐야 합니다. 그로써 마지막 시
대를 살아가는 우리 삶에도 참된 개혁이 일어나기를 소망합니다.

하나님은 말씀으로 천지를 창조하셨고,

말씀이 곧 하나님이신데,

이 말씀이 바로 예수 그리스도이십니다.

승리하다

||||||||

말씀이 뚫지 못할 인생은 없다

삿 7:1-8

표준국어대사전 **승리하다**

"겨루어서 이기다."

투쟁을 통해 임하는 하나님 나라

우리 사회가 몸살을 앓고 있습니다. 정치는 부패하고, 도덕성이 추락한 세상에서 사람들은 불평등에 시달리며 살아갑니다. 불안과 두려움에 떨며, 자존감에 상처 입은 채로 하루하루를 견디며 살고 있습니다.

교회도 안전하지 않습니다. 이단 세력들이 두루 다니며 삼킬 자를 찾고 있고, 마귀가 성도들 간의 빈틈을 노립니다. 내적으로는 연약한 육신의 정욕과 싸워야 합니다. 이처럼 그리스도인의 삶은 전쟁과도 같습니다. 하나님의 말씀에서 어긋나 날로 악으로 치닫는 세상의 법과 날마다 싸워야 합니다.

하나님 나라는 우리의 투쟁을 통해 이 땅에 임합니다. 많은 그리스도인이 가정과 교회에서, 자기 삶 속에서 하나님과 그의 나라를 위해 온힘을 다해 싸우고 있습니다. 이것이 선한 싸움입니다. 우리가 마침내 승전가를 부를 때, 하나님이 우리를 통해 큰 영광을 받으실 것입니다.

그렇다면 날마다의 투쟁을 위해 그리스도인으로서 우리가 준비해야 할 무기는 무엇이며, 얼마나 준비되어 있습니까? 이스라엘의 다섯 번째 사사인 기드온을 통해 준비할 무기가 무엇인지를 살펴봅시다.

하나님의 관점을 가지라

하나님이 기드온을 준비시키신 과정을 보면 알 수 있습니다. 정확하게 말하자면, 전쟁 준비였습니다. 무엇보다도 기드온은 자신을 향한 하나님의 뜻을 알고자 했습니다. 그리고 하나님의 관점을 알고, 하나님의 목적을 알며, 하나님이 주시는 무기가 무엇인지를 알아야 했습니다. 하나님은 그에게 하나하나 가르쳐 주셨습니다.

하나님은 기드온에게 말씀하셨습니다. '너를 따르는 백성이 너무 많으니, 그들 손에 미디안을 넘겨주지 않겠다.' 당시 미디안 군은 13만 5천 명이었고, 이스라엘 군은 3만 2천 명에 불과했습니다. 1대 4로 싸워야 할 상황이었습니다. 살아남을 확률이 25퍼센트밖에 안 된다는 뜻입니다. 그런데도 너무 많다고 하시니 이해하기가 어렵습니다. 기드온은 하나님의 말씀에 순종해서 두려워 떠는 자들을 모두 돌려보냈습니다(삿 7:3 참조). 2만 2천 명이 떠났고, 1만 명이 남았습니다. 이제 1대 13이 되었습니다. 살아남을 가능성이 더욱 희박해진 것입니다.

그런데도 하나님은 여전히 사람이 너무 많다고 하십니다. 이번에는 그 유명한 물 마시기 시험을 통해 구별하게 하셨습니다. 체력이나 능력을 보는 시험이 아니었습니다. 물 마시는 방법으로 전쟁에 나가 싸울 사람을 고르기는 역사상 전무후무할 것입니다. 어느 주석가는 손으로 물을 떠 마신 사람이 무릎을 꿇고 물을 마신 사람보다 싸울 준비가 더 잘되어 있었기 때문에 뽑혔다고 말합니다. 그럴 수도 있겠지만, 1차에 거른 1만 명 역시 두려움을 이기고 남은 만큼 보통 담대한 자들은 아니었을 것입니다.

어쨌든 하나님이 명령하신 물 마시기 시험은 군인 수를 줄이기에 가장 쉬운 방법이 아니었나 생각합니다. 1만 명 중에 겨우 300명만 남았으니 말입니다. 결과적으로 1대 450이 되었습니다. 이제 생존 확률은 0.2퍼센트, 거의 제로에 가깝습니다. 그냥 죽으러 가는 것이나 다름없습니다.

하나님은 기드온을 리더로 세우셨습니다. 그의 믿음을 굳건하게 하려고 하나님이 얼마나 노력하셨는지 우리는 잘 알고 있습니다. 처음에 그는 두려움에 떨며 주님의 말씀을 쉽게 믿지 못했습니다. 그가 하나님에게 징표를 몇 번이나 구했음에도 하나님은 그의 믿음 없음에 화내지 않으셨고, 그때마다 징표를 보여 주셨습니다. 주님이 그렇게까지 하시니 누군들 믿지 않을 수 있겠습니까?

그런데 하나님이 1대 450의 전쟁을 벌이라고 하십니다. 아무리 믿음이 좋아도 마음이 흔들릴 만합니다. 그러나 기드온은 믿음과 순종을 통해 하나님의 관점은 사람의 관점과 다르다는 것을 배웁니다. 이것이 바로 그가 하나님에게 배운 첫 번째 가르침입니다.

사람은 이왕이면 크고 많은 것을 좋아합니다. 조직이나 단체도 크기에 민감하기 마련입니다. 크기가 곧 힘을 의미하기 때문입니다. 어떤 곳에 사람들이 몰리는 데는 그만한 이유가 있다고 말하기도 합니다. 무엇인가 좋은 점이 있기 때문이라고 믿는 것입니다. 이러한 이유로 대개 사람들은 눈에 보이는 크기나 숫자로 판단의 기준을 삼습니다.

그러나 하나님의 관점은 다릅니다. 하나님은 눈에 보이지 않는 것으로 판단하십니다. 하나님의 판단 기준은 바로 믿음입니다. 기드온은 하나님이 믿음의 용사 한 명으로 미디안 군사 450명을 너끈히 이길 수 있다고 보심을 알았습니다. 하나님은 숫자보다 믿음의 크기를 보시는 분임을 알았습니다. 이것이 우리에게 도전이 되고, 또한 힘이 됩니다. 지금 당장은 힘이 미약해서 고된 시간을 보낼지라도 하나님 나라와 뜻을 위해 열심히 달리는 우리 믿음을 보신다니 말입니다.

한 가지 주목할 것은, 기드온의 믿음뿐 아니라 이스라엘 백성의 믿음이 얼마나 귀한가 하는 것입니다. 기드온은 하나님의 말씀을 한 번에 믿지 못하고 몇 번이나 확인하고 또 확인했지만, 백성들은 기드온이 전하는 하나님의 말씀에 바로바로 순종했습니다. 오히려 그들의 믿음이 기드온보다 더 좋았다고 해도 과언이 아닐 것입니다. 특히 기드온과 함께 미디안에 맞서 싸운 300명의 믿음을 보면 감탄하지 않을 수 없습니다.

교회와 공동체의 사역 또한 누구 한 사람의 믿음으로 이루어지는 것이 아님을 기억해야 합니다. 모두가 한 믿음으로 나아갈 때 하나님이 큰 승리를 허락하실 것을 믿고 기대해야 합니다.

두 번째로, 기드온은 하나님이 목적하시는 바는 승리가 아닌 겸손에 있음을 배웁니다. 하나님은 "이스라엘이 나를 거슬러 스스로 자랑하기를 내 손이 나를 구원하였다 할까"(삿 7:2) 염려한다고 말씀하십니다. 사실 하나님은 이스라엘 병사의 수가 많든 적든 상관이 없으십니다. 이스라엘이 손가락 하나 까딱 안 해도 그 많은 적군을 물리치실 수 있습니다. 그런데도 왜 그렇게 이스라엘 군대를 줄이고 또 줄이셨을까요? 하나님에게는 이스라엘의 승리보다 더 중요한 것이 있기 때문입니다. 바로 이스라엘 백성의 마음입니다.

하나님은 이스라엘을 너무나 잘 알고 계셨습니다. 그들 힘으로 승리할 가능성이 1퍼센트라도 있으면 제힘으로 해냈다고 자만할 것이 불을 보듯 빤했습니다. 하나님이 싫어하시는 것이 몇 가지 있는데, 그중 하나가 하나님의 영광을 가로채는 것입니다. 또한 교만한 자를 매우 싫어하십니다. 하나님은 이스라엘이 하나님의 영광을 가로채는 교만한 자가 되기를 원치 않으셨습니다.

사람들에게 인정받고 영화를 누리는 것이 나쁜 일은 아닙니다. 다만 자기가 다 한 것이 아닌데, 분명 다른 사람들도 함께 고생했는데 마치 자신이 다 한 것처럼 행세하거나 하나님의 도우심을 인정하지 않는다면, 그것은 잘못입니다. 예를 들어, 자녀가 칭찬받을 만한 일을 하면 나를 쏙 빼닮아서 그런 것이고, 야단맞을 짓을 하면 그건 배우자를 닮은 탓으로 돌리지 않습니까?

세상에서 자기가 가장 예쁜 줄 아는 공주가 있는가 하면, 세상에서 자기가 제일 잘생긴 줄 아는 왕자도 있습니다. 우리는 그들을 공주병, 왕자병에 걸린 사람들이라고 부릅니다. 그런데 이보다 더 심각한 병이 있습니다. 바로 백마병입니다. 사람들이 백마 탄 왕자에게 머리 숙여 인사했는데 엉뚱하게도 백마가 사람들이 자기에게 절하는 줄로 착각하고 우쭐해하는 병입니다. 백마의 치켜든 얼굴이 우습기만 합니다.

혹시 스스로 자신을 과대평가하고 있지는 않은지, 더 나아가 하나님의 영광을 가로채고 있지는 않은지 돌아봐야 합니다. 정기적으로 자신을 점검해 볼 필요가 있습니다. 특히 승리를 체험한 후에는 각별히 더 주의해야 합니다. 마음이 느슨해지면 교만과 자만이 슬그머니 고개를 들어 하늘 높은 줄 모르고 뛰어오르기 때문입니다.

하나님 마음에 맞는 사람이라 일컬어졌던 다윗이 그랬습니다. 암몬과 아람의 연합군과 싸워 큰 승리를 거둔 뒤, 그다음 해 봄에 느지막이 침상에서 일어나 한가로이 거닐다가 한 여인의 목욕하는 모습을 보고 음욕에 빠졌습니다. 결국 부하인 우리아의 아내 밧세바와 간음하고 말지 않았습니까? 승승장구할수록 하나님에게 온전한 영광과 감사를 드리는 것이 우리의 마땅한 의무임을 잊지 말아야 할 것입니다.

그러나 자신을 과소평가해서도 안 됩니다. 지나친 겸손도 교만한 마음에서 비롯되기 때문입니다. 하나님이 '너를 통해 내가 일하겠다'라고 하시는데, '나는 부족하니 안 됩니다. 더 훌륭한 사람을 찾아 주십시오' 하고 사양하는 것이 겸손한 것은 아닙니다. 이는 곧 '잘 모르시나 본데, 하나님은 나를 통해 일하실 수 없습니다. 다른 사람을 찾아보시지요' 하고 말하는 셈입니다. 한마디로 하나님의 판단을 믿지 못하겠다는 것입니다. 피조물에 불과한 내가 창조주 하나님보다도 나를 더 잘 안다고 생각하는 것입니다. 과연 그렇습니까?

성령의 검, 곧 하나님의 말씀

세 번째로, 기드온은 전쟁에 나가기 전 하나님에게 무기를 받았습니다.

"이에 백성이 양식과 나팔을 손에 든지라 기드온이 이스라엘 모든 백성을 각각 그의 장막으로 돌려보내고 그 삼백 명은 머물게 하니라 미디안 진영은 그 아래 골짜기 가운데에 있었더라"(삿 7:8).

바로 그다음 날, 기드온과 300명의 용사는 손에 항아리와 횃불과 나팔을 들고 전장에 나갔습니다. 전쟁에 나서는 병사의 손에 들린 것이 검이나 창이나 방패가 아니라 흙으로 빚은 항아리와 횃불과 나팔뿐이라니, 초라함을 넘어서 민망하기까지 합니다. 그들은 100명씩 세 대로 나뉘어 "나팔을 불며 항아리를 부수고 왼손에 횃불을 들고 오른손에 나팔을 들어 불며 … 여호와와 기드온의 칼이다"(삿 7:20) 하고 외쳤습니다. 양손에 횃불과 나팔을 든 이스라엘 군대의 모습이 막대기와 매끄러운 돌다섯을 손에 쥐고 블레셋 거인 골리앗과 싸우려고 나섰던 소년 다윗을 떠올리게 합니다.

세상 사람들은 싸움에 임할 때 재력이나 권력이나 정보력을 가지고 나아갑니다. 심지어 폭력을 사용하기도 합니다. 그런데 그리스도인이 들고 나가는 무기는 무엇입니까? 성령의 검, 곧 하나님이 주신 말씀입니다. 성경은 "하나님의 전신 갑주를 입으라"(엡 6:11)고 명령합니다. 진리의 허리띠와 의의 호심경과 평안의 복음 신과 믿음의 방패와 구원의 투구와 마지막으로 하나님의 말씀인 성령의 검을 취해야 전신 갑주가 완성됩니다.

하나님의 말씀은 세상 사람들이 보기에는 하찮고 어리석은 무기로 보일지 모릅니다. 그러나 주님은 사탄의 유혹을 말씀으로 물리치셨습니다. 광풍이 몰아칠 때도 바다를 향해 말씀으로 "잠잠하라 고요하라 하시니 바람이 그치고 아주 잔잔"(막 4:39)해졌습니다. "하나님의 말씀은 살아 있고 활력이 있어 좌우에 날선 어떤 검보다도 예리"(히 4:12)하기 때문입니다.

하나님은 그리스도를 믿는 우리 모두에게 성령의 검인 하나님의 말씀을 주셨습니다. 그러나 검을 잘 휘두르면 목숨을 살리지만, 잘못 휘두르면 죽일 수도 있음을 알아야 합니다. 똑같은 검이라도 누구 손에 쥐어지는가에 따라 그 결과가 달라집니다.

모든 성도는 베뢰아 사람들처럼 매일 하나님의 말씀을 연구하고 공부할 의무가 있습니다. 특히 말씀을 가르치는 "선생 된" 자들은 "더 큰 심판을 받을 줄 알고"(약 3:1) 더더욱 말씀을 정확하고 올바르게 전해서 사람을 살리고 영혼을 살리는 선한 무기로 사용되도록 해야 할 것입니다.

교회는 하나님의 사람을 온전하게 하며 모든 선한 일을 위해 준비시키는 곳입니다. 믿음의 백성들이 겸손함으로 하나님의 말씀을 배우고 훈련하는 곳입니다. 그래서 거룩한 곳입니다.

"모든 성경은 하나님의 감동으로 된 것으로 교훈과 책망과 바르게 함과 의로 교육하기에 유익하니 이는 하나님의 사람으로 온전하게 하며 모든 선한 일을 행할 능력을 갖추게 하려 함이라"(딤후 3:16-17).

하나님의 사람은 말씀의 교훈과 책망과 바르게 함과 의의 교육에 힘입어 모든 선한 일을 행할 능력을 갖추게 됩니다. 하나님은 이처럼 약하고 겸손해 보이지만 강력한 능력의 말씀을 통해 큰일을 이루시는 분입니다. 하나님의 관점을 알고, 우리를 향한 하나님의 뜻과 목적을 알아야 싸움에 나갈 준비가 되었다고 할 수 있습니다. 그리고 하나님이 주신 무기가 무엇인지를 알아야 싸움에서 승리할 수 있습니다.

우리는 수가 적고 힘이 미약하지만, 하나님은 우리를 보실 때 그 수와 힘의 크기를 보지 않으십니다. 하나님은 우리 안에 있는 믿음의 크기를 보십니다. 우리는 승리를 목표로 달리곤 하지만, 하나님의 목적은 승리가 아닌 겸손한 마음입니다. 겸손한 마음으로 사명을 감당해 나갈 때 하나님이 영광을 받으십니다. 하나님이 주신 영적 무기, 곧 하나님의 말씀을 열심히 연구하고 공부해서 하나님의 때에 승리하기를 소망하십시오.

붙잡다

|||||||||

하나님은 말씀으로 손 내미신다

느 8:1-18

표준국어대사전 **붙잡다**

"놓치지 않도록 단단히 쥐다."

역사를 바꾸는 말씀의 능력

지난 100년간, 하나님은 한국 교회에 엄청난 복을 부어 주셨습니다. 1900년대에 우리나라 그리스도인은 45만 명 정도로 인구의 1퍼센트에 불과했는데, 지금은 약 1,340만 명으로 28퍼센트에 달합니다. 20배가 넘는 축복을 주신 것입니다. 그뿐 아니라 전 세계에서 미국 다음으로 많은 선교사를 파송하는 선교 국가가 되었고, 지난 몇 년간 세계 50대 교회 가운데 20개가 한국에 있을 정도로 한국 교회가 세계 교회를 이끌어 왔습니다.

그런데 요즘 한국 교회의 사정이 어떻습니까? 여러 가지 일로 많이 힘듭니다. 교회 성장이 정체되고, 교회 내외의 갖가지 문제들로 몸살을 앓고 있는 이때 우리는 무엇을 해야 할까요? 우리에게 주어진 시대적 사명은 무엇일까요?

먼저, 지금까지 우리에게 부어 주셨던 놀라운 축복들을 기억해야 합니다. 그리고 그것에 안주하지 말고 앞으로 나아가야 합니다. 곧 한국 교회가 다시 부흥해야 합니다. 아니, 말씀의 부흥이 일어나야 합니다.

구약 시대에 말씀의 부흥을 갈망했던 한 사람이 있습니다. 예루살렘 성벽을 재건할 때 학사 에스라와 함께 말씀으로 신앙 개혁을 이루어 냈던 느헤미야를 보면 말씀을 온전히 들었을 때 어떤 일들이 일어나는지를 알 수 있습니다.

느헤미야 8장은 말씀이 선포될 때 성도들 안에 어떤 변화가 일어나야 부흥이 시작되는지를 보여 줍니다. 먼저, 느헤미야와 학사 에스라가 무엇보다도 하나님의 말씀을 우선시했다는 점에 주목해야 합니다. 말씀에는 역사를 바꾸는 능력이 있습니다. 그렇다면 오늘날 우리는 하나님의 말씀의 역사를 어떻게 체험할 수 있을까요?

말씀을 아는 만큼 삶이 변한다

첫째, 하나님의 말씀을 온전히 이해할 때 말씀이 역사합니다. 에스라가 하나님의 율법책을 낭독하고 그 뜻을 해석해 주자 백성들이 깨달았습니다(느 8:1-8 참조).

"예수아와 바니와 세레뱌와 야민과 악굽과 사브대와 호디야와 마아세야와 그리다와 아사랴와 요사밧과 하난과 블라야와 레위 사람들은 백성이 제자리에 서 있는 동안 그들에게 율법을 깨닫게 하였는데 하나님의 율법책을 낭독하고 그 뜻을 해석하여 백성에게 그 낭독하는 것을 다 깨닫게 하니"(느 8:7-8).

영어 성경(KJV)으로 보면 '이해하다'라는 뜻의 'understand'가 느헤미야 8장에서만 여섯 번이나 쓰였는데, 우리말로는 '알아들을 만한'(2, 3절), '깨닫게'(7, 8절), '밝히 앎이라'(12절), '밝히 알고자 하여'(13절)로 번역되었습니다. 8절을 히브리어 원문으로 보면 '뚜렷하게, 분명하게'라는 뜻의 '므포라스'(שׁרפמ)가 쓰였는데, 사람들이 이해할 수 있는 말로 낭독했다는 의미입니다. 학사 에스라가 사람들로 하여금 선포되는 말씀을 듣고 그들의 삶에 적용할 수 있게끔 강해해 주었다는 것을 알 수 있습니다.

에스라는 이처럼 대규모 성경 학교를 진행하기에 적합한 인물이었습니다. 그는 "여호와의 율법을 연구하여 준행하며 율례와 규례를 이스라엘에게 가르치기로 결심"(스 7:10)한 제사장이자 서기관이었습니다. 느헤미야보다 14년 정도 빨리 예루살렘에 돌아온 그는 이스라엘 백성을 하나님에게로 이끌기 위해 노력해 왔습니다(스 7-10장 참조). 느헤미야가 예루살렘으로 귀환해서 무너진 성벽을 재건하고자 할 때, 에스라는 먼저 백성의 심령에 말씀으로 개혁을 불러일으키기 위해 애썼습니다.

그때 열세 명의 레위인들이 에스라의 말씀 사역을 도왔습니다. 이것은 하나님이 레위인에게 주셨던 여러 가지 사역 가운데 하나입니다. 아마도 그들은 낭독이 잠시 멈출 때마다 사람들의 질문을 받으며 말씀을 그들의 삶에 어떻게 적용하면 좋을지 구체적으로 가르쳐 주었을 것입니다.

씨 뿌리는 자의 비유에서 예수님은 "돌밭에 뿌려졌다는 것은 말씀을 듣고 즉시 기쁨으로 받되 그 속에 뿌리가 없어 잠시 견디다가 말씀으로 말미암아 환난이나 박해가 일어날 때에는 곧 넘어지는 자요 가시떨기에 뿌려졌다는 것은 말씀을 들으나 세상의 염려와 재물의 유혹에 말씀이 막혀 결실하지 못하는 자"(마 13:20-22)라고 말씀하셨습니다. 그에 비해, "좋은 땅에 뿌려졌다는 것은 말씀을 듣고 깨닫는 자니 결실하여 어떤 것은 백 배, 어떤 것은 육십 배, 어떤 것은 삼십 배가 되느니라"(마 13:23)라고 하셨습니다. 이처럼 듣고 깨닫는(understand) 자가 열매를 맺습니다. 설교자의 역할은 하나님의 말씀을 온전히 전달하는 것이며, 성도가 해야 할 일은 하나님의 말씀을 올바로 받아들이고 이해하며, 구체적으로 적용하는 것입니다.

요즘은 '자기주도'(self-directed)에 관한 관심이 높습니다. 특히 학생인 자녀를 둔 부모의 관심이 큽니다. 자기주도 학습이란, 말 그대로 부모가 '공부하라'고 해서 공부하는 것이 아니라 자신이 주도적으로 예습과 복습 및 정리하는 습관을 기르는 것을 가리킵니다. 모든 학생이 이렇게 공부한다면 부모자식 간의 관계가 얼마나 좋겠습니까?

그런데 하나님의 말씀을 듣는 자세는 어떻습니까? 언제까지 수동적으로 받아먹기만 해야겠습니까? 성숙한 성도일수록 하나님의 말씀을 스스로 밑줄 쳐 가며 읽고, 소화하고, 공부합니다. 하나님 아버지가 원하시는 모습이 이런 것 아니겠습니까? 하나님은 택하신 자녀들이 스스로 말씀을 읽고, 공부하고, 연구하는 모습을 기대하실 것입니다.

하나님의 기대는 거기서 끝나지 않습니다. 말씀이 삶에 구체적으로 적용되어야만 합니다. 매일의 삶 속에서 하나님의 말씀을 잘 듣고 읽고 이해해야만 모든 상황 속에서도 백 배, 육십 배, 삼십 배의 열매를 맺을 수 있을 것입니다. 그런 열매를 맺기 위해서는 먼저 자기 자신을 점검해야 합니다. 환난이나 박해가 일어나면 곧 넘어지고 마는 돌밭 같은 마음은 아닌지, 또는 세상의 염려와 재물의 유혹에 말씀이 막혀 결실하지 못하는 가시떨기 같은 마음은 아닌지 자신을 돌아봐야 합니다.

에스라가 예루살렘에 돌아와 사역한 지도 14년이 흘렀습니다. 그동안 그는 말씀을 꾸준히 전해 왔습니다. 그가 읽곤 하던 모세오경 말씀도 그대로요, 듣는 사람도 그대로인데 그날에 큰 변화가 일어났습니다. 이스라엘의 영적 역사가 확 바뀐 것입니다. 그러나 하루아침에 달라진 것은 아닙니다. 14년간 꾸준히 전해 온 말씀이 그날에 이르러 사람들의 마음속에 부흥의 불길을 일으킨 것입니다.

오늘날 우리 자녀들이 어려서부터 하나님의 말씀을 꾸준히 듣고 자란다면, 14년 후에는 어떤 변화된 모습을 보일지 기대되지 않습니까? 그러니 하루 이틀 사이에 변화가 보이지 않는다고 해서 낙담하지 마십시오. 하나님의 백성이 선포된 말씀을 듣고 온전히 이해하면 곧 말씀이 역사합니다.

또 어떤 때에 하나님의 말씀의 역사를 체험할 수 있을까요?

회개 후에 오는 기쁨을 누리라

둘째, 말씀 앞에서 회개하고, 말씀 가운데 기뻐할 때 말씀이 역사합니다(느 8:9-12 참조). 백성들이 학사 에스라가 낭독하는 율법의 말씀을 듣더니 울기 시작합니다. 그러자 "총독 느헤미야와 제사장 겸 학사 에스라와 백성을 가르치는 레위 사람들이 모든 백성에게 이르기를 오늘은 너희 하나님 여호와의 성일이니 슬퍼하지 말며 울지 말라"(느 8:9)고 했습니다.

오랜만에 하나님의 말씀을 들은 이스라엘 백성은 눈물을 흘렸습니다. 통회하며 자복하는 기쁨의 눈물이었습니다. 그들의 첫 반응은 양심의 가책과 비통함이었던 것입니다. 에스라와 레위인들이 말씀을 풀어주니 분명히 이해할 수 있게 되었고, 그로 말미암아 말씀 앞에 회개하는 심정이 되었을 것입니다. 회개를 통해 진정한 기쁨을 맛보았을 것입니다. 우리에게도 이러한 감격이 있어야 합니다.

사도 바울은 히브리서에서 하나님의 말씀에 관해 이렇게 말했습니다.

"하나님의 말씀은 살아 있고 활력이 있어 좌우에 날선 어떤 검보다도 예리하여 혼과 영과 및 관절과 골수를 찔러 쪼개기까지 하며 또 마음의 생각과 뜻을 판단하나니 지으신 것이 하나도 그 앞에 나타나지 않음이 없고 우리의 결산을 받으실 이의 눈앞에 만물이 벌거벗은 것같이 드러나느니라"(히 4:12-13).

예수님을 처음 영접할 때 사람들은 회개하기 마련입니다. 그러나 회개란 한 번으로 끝나는 것이 아닙니다. 성령이 하나님의 말씀으로 죄와 교만과 헛된 욕망과 육신의 정욕과 시기와 질투와 그릇된 언행과 험한 말투를 비추실 때마다 즉시 회개해야 합니다. 하루에 몇 번씩 해야 할 수도 있습니다. 회개를 영적 숨 쉬기라고도 하는데, 회개를 통해 숨을 쉬듯 죄를 뿜어내고 죄 사함을 들이마셔야만 성령 충만할 수 있고 삶의 기쁨을 체험할 수 있기 때문입니다.

삶에 회개가 없다면 자신이 말씀대로 잘 살아가고 있는지를 돌아봐야 합니다. 말씀 앞에 서지 않으면 우리 내면의 죄가 좀처럼 모습을 드러내지 않기 때문입니다.

에스라가 "하나님의 성전 앞에 엎드려 울며 기도하여 죄를 자복할 때에 많은 백성이 크게 통곡하매 이스라엘 중에서 백성의 남녀와 어린아이의 큰 무리가 그 앞에"(스 10:1) 모였습니다. 이와 비슷한 일이 우리나라에서도 일어난 적이 있습니다. 20세기 초에 평양에서 대부흥 운동이 일어났던 것입니다.

평양 대부흥 운동은 1907년 1월 14일, 평양 장대현교회의 부흥 사경회 기간에 말씀을 깊이 연구하던 선교사와 교회 지도자들이 자발적으로 자기 잘못을 공개적으로 고백하고 눈물을 흘리며 회개한 데서 시작되었던 운동입니다. 이때 이후로 한국 교회에 회개의 바람이 불어와 새로운 삶을 향해 나아가는 부흥 운동이 확산되었고, 한반도 전역에서 그리스도인의 수가 폭발적으로 늘어났습니다. 그래서 '성령 대부흥 운동'이라고도 부릅니다. 이처럼 하나님의 말씀은 회개를 통해 사람을 바꾸고, 거듭난 사람들을 통해 역사를 바꾸는 힘이 있습니다.

또한 복된 소식은 하나님의 말씀이 우리에게 기쁨도 허락하신다는 것입니다. 하나님이 용서해 주셨는데도 슬퍼하는 것은 죄 가운데 기뻐하는 것만큼이나 잘못된 것입니다. 죄인은 기뻐할 이유가 없고, 용서받은 하나님의 자녀는 슬퍼할 이유가 없습니다(마 9:9-17 참조). 실제로 유대인들의 달력을 보면, 속죄의 날은 단 하루지만, 그날 이후 초막절 축제는 일주일(7일)이나 계속됩니다. 고생한 만큼 보람이 있고 노력한 만큼 뿌듯한 것처럼, 죄를 회개한 만큼 그 기쁨도 커집니다. 하나님은 우리가 그런 진정한 기쁨을 알기 원하십니다.

하나님의 말씀을 얼마나 즐거워합니까? 진수성찬보다도 하나님의 말씀을 사모합니까(시 119:103; 눅 10:38-42 참조)? 단잠보다도 사모합니까(시 119:55, 62, 147-148 참조)? 부귀영화보다도 사모합니까(시 119:14, 72, 137, 162 참조)? 하나님의 말씀을 정말로 즐거워할 줄 안다면, 하나님이 기뻐하며 최고의 축복을 나누어 주실 것입니다.

말씀 앞에 순종할 때 삶이 변한다

마지막으로, 기쁨으로 하나님의 말씀에 순종할 때 그 역사를 체험할 수 있습니다(느 8:13-18 참조).

"그 이튿날 뭇 백성의 족장들과 제사장들과 레위 사람들이 율법의 말씀을 밝히 알고자 하여 학사 에스라에게 모여서 율법에 기록된 바를 본즉 여호와께서 모세를 통하여 명령하시기를 이스라엘 자손은 일곱째 달 절기에 초막에서 거할지니라 하였고"(느 8:13-14).

이스라엘 백성은 율법의 기록을 통해 일곱째 달 절기는 초막에서 보내야 한다는 것을 알게 되었고, 곧 말씀에 순종해서 그대로 따릅니다. 계속되는 말씀을 보십시오.

"또 일렀으되 모든 성읍과 예루살렘에 공포하여 이르기를 너희는 산에 가서 감람나무 가지와 들감람나무 가지와 화석류나무 가지와 종려나무 가지와 기타 무성한 나무 가지를 가져다가 기록한 바를 따라 초막을 지으라 하라 한지라 백성이 이에 나가서 나뭇가지를 가져다가 혹은 지붕 위에, 혹은 뜰 안에, 혹은 하나님의 전 뜰에, 혹은 수문 광장에, 혹은 에브라임 문 광장에 초막을 짓되"(느 8:15-16).

속죄의 날을 보내고 초막절이 되면, 유대인들은 주로 납작한 형태의 옥상 위에 나뭇가지로 초막을 짓고 절기 동안에는 그 안에서 지냈습니다. 집을 지을 새 없이 계속 이동하며 장막에서 살아야 했던 광야 40년을 기억하기 위함입니다. 동시에 이 절기는 하나님이 주신 추수의 축복을 돌아보는 때이기도 했습니다. 하나님이 기름진 땅을 주시어 추수하는 복을 누리게 되었으니 마땅히 감사해야 했습니다(신 8장 참조). 또한 초막절은 하나님이 이스라엘 백성에게 약속하신 영광스러운 하나님 나라를 그려 보는 기회가 되기도 했습니다(슥 14:4, 9, 16-20 참조).

그런데 느헤미야서는 이 초막절이 "눈의 아들 여호수아 때로부터 그날까지 이스라엘 자손이 이같이 행한 일이"(느 8:17) 없었다고 전합니다. 정말로 여호수아 시대부터 그때까지 초막절을 한 번도 지키지 않았다는 뜻일까요? 아닙니다. 솔로몬 시대에 모세의 명령에 따라 초막절을 드렸고(대하 8:13 참조), 느헤미야가 예루살렘 성벽을 재건하기 전에도 "요사닥의 아들 예수아와 그의 형제 제사장들과 스알디엘의 아들 스룹바벨과 그의 형제들이 다 일어나 이스라엘 하나님의 제단을 만들고"(스 3:2) 기록된 규례대로 초막절을 지켰습니다. 그러면 느헤미야의 초막절이 특별한 이유는 무엇일까요? 이전과 달리 모든 백성이 기쁨과 열정으로 참여했기 때문입니다.

하나님의 말씀에 순종해서 주님 안에서 기쁨을 누리며 섬긴다면 섬김은 고역이 아닌 즐거움이 됩니다. 섬김에 기쁨이 없다면 오히려 괴로운 징벌일 수 있습니다. 섬김이 고되더라도 기쁠 수 있는 것은 하나님의 말씀이 곧 힘이 되기 때문이요, 하나님의 뜻을 행함으로써 생명의 양식을 얻기 때문입니다(요 4:34 참조).

매일의 삶 속에 하나님의 말씀의 역사를 체험하며 살기를 원합니까? 하나님의 말씀을 온전히 이해하고, 말씀 앞에서 회개하고 기뻐하며 말씀에 순종할 때, 우리 삶 가운데 하나님의 말씀이 역사할 것입니다. 깨달음과 기쁨과 순종이라는 세 가지 변화는 곧 지정의(知情意)의 변화이며, 하나님의 진리에 사로잡혀야 비로소 변화할 수 있습니다.

말씀에는 역사를 바꾸는 능력이 있습니다. 모든 상황 속에서 예수 그리스도를 바라보십시오. 그리고 하나님의 말씀을 의지하며 기도함으로써 고난을 돌파해 나갈 힘을 얻으십시오.

04

전하다

||||||||

흘러온 대로 말씀을 흘려보내라

딤후 4:1-5

표준국어대사전 전하다

"후대나 당대에 이어지거나 남겨지다."

전도, 최상의 중보기도

　스트레스가 쌓이고 몸이 찌뿌드드하다 싶으면 찜질방을 찾곤 합니다. 뜨끈한 불가마 안에 누우면 구부정했던 척추가 펴지는 듯한 기분이 듭니다. 그래서 '시원하다'는 말이 절로 나옵니다. 그런데 몇 분 지나지 않아서 땀이 온몸을 적시고, 혈압이 오르면서 숨이 막혀 오기 시작합니다. 더 있을까, 그만 나갈까 고민하다가도 숨이 턱까지 차오르면 나도 모르게 벌떡 일어나 튀어 나옵니다. 마음만 먹으면 언제든지 박차고 나올 수 있으니 얼마나 감사합니까?

　한 번 들어가서 다시 나올 수 없는 곳이라면 그곳이야말로 지옥입니다. 지옥은 괴로워도 피할 수 없고, 뜨거워도 빠져나올 수 없는 곳입니다. 불가마 한증막에 아무리 단련되었어도 지옥 불을 견디기는 힘들 것입니다.

그런데 내 부모, 내 자녀, 내 이웃이 지옥 불가마에서 빠져나오지 못한 채 고난 받게 된다고 생각해 보십시오. 심지어 지옥 불을 면할 비책을 나만이 알고 있다면 어떻게 하겠습니까? 어떻게 해서든 내 부모, 내 자녀, 내 이웃을 구하기 위해 달려갈 것입니다. 지옥 불에 던져지기 전에 말입니다.

그 비책이란 무엇입니까? 바로 전도입니다. 전도는 믿는 자가 세상을 위해 할 수 있는 최상의 중보입니다. 그리스도인이 마땅히 제일 먼저 해야 할 일이기도 합니다. 그래서 사도 바울은 "때를 얻든지 못 얻든지"(딤후 4:2) 항상 힘써 말씀을 전하라고 말합니다.

그날을 소망하는 사람들의 삶

사도 바울이 사랑하는 디모데에게 두 번째 편지를 쓸 때 그는 감옥에 있었습니다. 로마 황제 네로가 그리스도인들을 핍박하고 학대하기 시작했는데, 날로 그 강도가 높아져 갔습니다. 당시 로마에서 일어났던 대화재를 그리스도인들 탓으로 돌렸던 것입니다. 예수 그리스도를 믿는다는 고백 한마디에도 목숨이 위태로울 지경이 되었습니다. 결과적으로 많은 신자가 바울 곁을 떠나갔고, 믿음을 저버리기까지 했습니다.

바울의 1차 투옥 생활은 가택 연금 형식으로 제한된 공간에서 지내야 했지만 비교적 자유로웠습니다. 그러나 2차 투옥 때는 로마 감옥에 갇

혀서 외부와 단절된 채 지내야 했습니다. 친구들마저 그가 어디에 투옥되었는지 알 수 없는 상황이었습니다. 사슬에 매인 사도 바울은 자신의 죽음을 직감했습니다.

하나님 앞에서 후회 없는 삶을 살아왔을 바울이 아들 같은 디모데에게 유언을 남기듯 편지를 씁니다. 그리고 담담하게 디모데와 초대 교회에 마지막 가르침을 남겼습니다. 디모데가 에베소교회에서 자신의 직무를 어떻게 감당해야 할지를 가르치는 내용이지만, 그 가르침을 통해 우리는 오늘날 예수님 만날 준비를 어떻게 해야 할지를 배웁니다. 우리는 어떻게 살아야 예수님을 만나도 부끄럽지 않은 성도가 될 수 있을까요?

말씀을 전하는 삶

첫째, "때를 얻든지 못 얻든지"(딤후 4:2) 하나님의 말씀을 나누어야 합니다. 이것은 사도 바울을 통해 우리에게 주시는 하나님의 명령입니다. 바울은 디모데에게 말씀을 전파할 것을 명했습니다. 디모데는 하나님의 대변인이 되어 하나님이 주신 말씀을 세상에 담대히, 용감하게 선포해야 했습니다. 바울은 자신이 쇠사슬에 매여서도 말씀을 전한 것처럼 어떤 상황에 처해도 말씀을 전하라고 명합니다. 편할 때나 불편할 때, 환대받을 때나 멸시받을 때, 좋을 때나 나쁠 때도 말씀을 전해야 합니다. 개인의 선택이 아닌 의무요, 말씀을 맡은 자로서 감당해야 할 직무입니다.

말씀을 전한다는 것은 전도만을 의미하지 않습니다. 말씀으로 경계하고, 경책하며 권면하기도 해야 합니다. 사람들이 듣기 원하는 말만 하는 게 아니라는 뜻입니다. 하나님이 주시는 말씀을 전해야 합니다. 그러므로 큰 인내심과 주의 깊은 가르침이 필요합니다. 인내심, 곧 오래 참음은 우리에게 심긴 하나님의 성품입니다. 사도 바울은 디모데에게 하나님의 성품과 태도로 사역해야 한다고 가르칩니다.

전도는 쉽지 않습니다. 앞을 보지 못하는 사람에게 무지개를 설명하기란 쉽지 않습니다. 마찬가지로 영적으로 무지한 사람이 하나님의 말씀을 알고 구원과 천국을 믿기란 불가능한 일입니다. 간증 몇 마디를 듣고 기꺼이 마음 문을 열 사람은 거의 없습니다. 몇 년이나 공들여도 꼼짝 않을 수 있습니다. 그래도 낙심하지 말아야 합니다. 낙심할 시간에 기도하십시오. 전도의 문은 오로지 인내하며 기도하는 자에게 열립니다. 기도하면 "하나님이 전도할 문을 우리에게 열어"(골 4:3) 주실 것입니다. 바울은 "그리스도의 비밀을 말하게 하시기를 구하라"(골 4:3)고 권면합니다.

여기서 주목할 점은, 바울이 재판장이신 하나님과 다시 오실 왕 예수 그리스도 앞에서 권면했다는 것입니다. 그래서 '엄히' 명했습니다. 그만큼 중대하다는 뜻입니다. 바울과 디모데는 재판장이신 하나님 앞에 설 때 자기 삶과 사역을 해명해야 할 것입니다. 그러므로 디모데는 날마다의 직무를 영원한 관점에서 행해야 합니다.

소수이기는 하지만, 그리스도인들 중에서도 세상적인 관점으로 살아가는 이들이 있습니다. 사실 우리는 하나님의 심판과 그리스도의 재림에 관해서는 별로 깊이 생각하지 않습니다. 날마다 생각하는 것도 아닙니다. 그러니 영원한 관점을 가지고 생각하거나 행동하지도 않습니다.

영원한 관점이 없으면 전도의 긴급함이 없습니다. 예수님을 전하는 것을 삶의 우선순위로 삼지도 않습니다. 하나님의 말씀을 전하는 것보다 다른 사람들에게 실례가 되지 않도록 조심하는 것을 더 중요하게 여깁니다. 다른 사람들이 듣고 싶어 하지 않는 말을 굳이 할 필요가 있을까 생각하며 전도를 꺼리기도 합니다. 하지만 그러다가도 자신의 욕심이나 이익을 채우기 위해서라면 예의 따위는 쉽게 저버리고 맙니다.

그리스도인이라면 하나님보다 사람을 먼저 바라봐서는 안 됩니다. 사람의 비위를 맞추기 위해 말씀을 전해야 하는 자신의 직무를 소홀히 해서는 안 됩니다. 왜냐하면 언젠가는 하나님 앞에서 심판을 받을 것이기 때문입니다. 그리스도인의 직무는 사람들이 듣든지 안 듣든지 하나님의 말씀을 전하는 것입니다. 초대 교회 당시 수많은 제자들이 그랬듯이, 우리는 목숨을 걸고서라도 하나님의 말씀을 선포해야 합니다.

박사 학위 수여식에 참석하기 위해 미국에 다녀온 적이 있습니다. 일주일의 짧은 여정이라 여러모로 분주했습니다. 미국에 도착하자마자 이튿날 오전에 박사 가운을 찾고, 오후에는 리허설을 거쳐서 수여식을 무사히 마쳤습니다.

그다음 날, LA에서 행정 목사로 섬겼던 교회의 담임 목사님께 안부 전화를 드렸습니다. 그런데 갑자기 주일 1, 2부 설교를 요청해 오셨습니다. 그날이 토요일이었으니, 바로 다음 날 설교해야 할 상황이었습니다. 해야 할지 말아야 할지 고민했지만, 하나님의 뜻으로 알고 바로 "예, 알겠습니다" 하고 대답했습니다.

전화를 끊고 나서 잠시 멍했습니다. 사실 그날 점심 약속이 있었기 때문입니다. LA에서 7-8시간 거리에 있는 새크라멘토에서 멘토 목사님이 저를 만나기 위해 일부러 비행기를 타고 날아오셨던 것입니다. 점심 식사 후에 공원을 거닐며 이야기를 나누고 저녁 식사까지 함께했습니다. 마음에 부담이 있었지만 내색하지 않았습니다.

숙소로 돌아온 후에야 설교 준비를 할 수 있었습니다. 결국 거의 밤을 새우다시피 해서 준비를 마쳤고, 은혜 가운데 말씀을 전할 수 있었습니다. 몸은 고단했지만 마음만은 가볍고 뿌듯했습니다. 역시 '때를 얻든지 못 얻든지' 항상 말씀을 전해야 하는 사명을 감당할 때 하나님이 새 힘을 공급해주심을 느꼈습니다. 그래야 능력이 더욱 부어진다는 것을 경험으로 체득했습니다.

예수님의 재림과 하나님의 마지막 심판이 있음을 잊지 마십시오. 우리는 복음의 능력을 가진 자들입니다. 당신은 그 능력을 얼마나 담대하게 발휘하고 있습니까? 때를 얻든지 못 얻든지 하나님의 말씀을 전하고 있습니까?

흔들리지 말고 믿음을 지키라

둘째, 세상이 예수님을 외면하고 거절해도 믿음을 지켜야 합니다. 바울은 디모데에게 사람들이 바른 교훈을 싫어하고 경계하는 때가 올 것이라고 경고했습니다(딤후 4:3 참조). 그리스도인들마저 전도하지 않을 때가 올 것을 내다본 것입니다. 그때가 이미 와 있는 것 같습니다. 그리스도인의 신앙의 온도가 예전 같지 않고, 여간해서는 전도를 하지 않는 분위기입니다. 귀한 복음을 전할 줄 모르는 우리에게 주신 말씀입니다. 구원을 받았지만 구원의 기쁨을 나눌 줄 모르는 우리에게 경고하신 말씀입니다.

바울은 디모데가 핍박과 거절을 당하리라는 것을 알았습니다. 마지막 심판 날까지 상황은 더욱 나빠질 것입니다. 사람들이 진실을 거부할 때가 올 것입니다. 사람들은 교훈과 책망 듣기를 꺼리며, 자기의 사욕을 좇고, 허탄한 이야기를 따를 것입니다. 이때 디모데는 어떻게 해야 합니까? 그리고 우리는 어떻게 해야 합니까? 바울은 단호하게 명합니다.

"그러나 너는 모든 일에 신중하여 고난을 받으며 전도자의 일을 하며 네 직무를 다하라"(딤후 4:5).

그들의 거짓 가르침과 거짓 교훈에 흔들려서는 안 됩니다. 낙심하거나 낙담해서도 안 됩니다. 세상은 그리스도인이 가는 곳마다 걸림돌을 둘 테지만, 멈추어도 안 되고, 되돌아가서도 안 됩니다. '모든 일에 신중하여' 애써 믿음을 지켜야 합니다.

'모든 일에 신중하여'를 개역한글 성경은 '모든 일에 근신하여'로, 새번역은 '모든 일에 정신을 차려서'로 각각 번역했습니다. '신중하라', '근신하라', '정신을 차려라'로 번역된 헬라어 단어는 '네페'(νῆφε)로 '머리를 맑게 하다'라는 뜻입니다. 즉, 그리스도인은 머리가 맑아야 한다는 뜻입니다. 머리뿐 아니라 가슴이, 즉 마음이 맑아야 합니다. 그래야 정신을 차렸다고 할 수 있습니다.

정신을 차려서 머리와 가슴이 맑아지려면 먼저 어둠을 피해야 합니다. 어둠이 지배하는 곳은 가지 마십시오. 예수 그리스도의 빛 가운데로 행하십시오.

노아 시대에 하나님은 인간의 악함을 보시고 인간을 지은 것을 후회하셨습니다. 그런데도 노아에게 명해서 방주를 짓게 하셨습니다. 노아는 하나님의 말씀에 순종해 물이 없는 마른 땅에서 방주를 지었습니다. 사람들은 그런 노아를 보고 비웃었습니다. 자그마치 100년 동안이나 노아의 가족은 매일 쏟아지는 비난을 견뎌 내야 했습니다. 노아는 웃음거리가 되어 조롱 받으면서도 꾸준히 방주를 지어 완성했고, 그의 순종은 악한 세대에 증거가 되었습니다. 결론적으로, 노아의 가족은 하나님이 내리신 물의 심판에서 구원받을 수 있었습니다.

주변을 둘러보십시오. 세상은 날로 악해져만 가고, 날이 갈수록 하나님을 더욱 멀리하고 있습니다. 이런 세상에서 우리는 무엇 때문에 고된 사역을 감당해야 할까요? 대답은 간단합니다. 예수님의 재림과 하나님의 마지막 심판이 있을 것을 알기 때문입니다. 그러므로 우리는 우리를 거절하고 밀어내는 세상 속에서도 믿음을 지켜야만 합니다. 말씀을 전할 때 누가 하나님을 믿게 될지, 누가 끝까지 하나님을 거부할지는 우리 알 바가 아닙니다. 우리는 계속해서 믿음을 지키고, 끝까지 인내해야 할 뿐입니다. 하나님이 당신의 백성을 친히 인도하실 것이기 때문입니다.

비록 노아 때처럼 내 가족 외에는 단 한 사람도 구원을 얻게 할 수 없을 지라도, 우리는 삶의 현장에서 믿음을 지키며 전도자로서의 일을 충실히 감당해야 할 것입니다.

사명을 감당하는 삶

마지막으로 셋째, 하나님이 맡기신 직무를 다해야 합니다. "네 직무를 다하라"(딤후 4:5). 이것은 주님의 명령입니다. 여기서 '직무'란 헬라어로 '디아코니아'(διακονία)인데, '집사'로 번역되는 '디아코노스'(διάκονος)와 어원이 같습니다. 집사라면 봉사하는 자리 아닙니까? 그러니 '네 직무를 다하라'는 것은 '봉사를 잘하라, 네 자리에서 네 책임을 다하라'는 말입니다. 즉, 주님이 어떤 일을 맡기시든지 그 일에 최선을 다하라는 뜻입니다. 주어진 일에 최선을 다하고 충성할 때, 하나님이 기뻐하고 감동하시며 시원해 하실 것입니다. 또한 이것이 바로 나 자신이 행복한 길입니다. 이것이 전도자의 일입니다.

복음을 전하다 보면 진리를 거부하는 사람들 때문에 곤란을 겪을 수 있습니다. 심지어 핍박받고 온갖 어려움과 역경에 부딪힐 수도 있습니다. 그러나 그럴 때일수록 우리는 자신을 돌아보며 고난 받는 것을 두려워할 게 아니라, 복음을 전하는 일에 더욱 힘쓰며 하나님의 종으로서 맡은 직무를 꿋꿋이 해내야 합니다. 왜냐하면 하나님이 그렇게 명하시기 때문입니다.

"너는 장차 받을 고난을 두려워하지 말라 볼지어다 마귀가 장차 너희 가운데에서 몇 사람을 옥에 던져 시험을 받게 하리니 너희가 십 일 동안 환난을 받으리라 네가 죽도록 충성하라 그리하면 내가 생명의 관을 네게 주리라"(계 2:10).

사도 바울은 "맡은 자들에게 구할 것은 충성"(고전 4:2)이라고 했습니다. 우리는 우리의 직무를 다해 충성을 이루어야 합니다. 주 예수님이 부르시는 날까지 최선의 노력을 다하라는 뜻입니다. 우리는 우리에게 맡겨진 학업이나 사역을 비롯한 여러 사명을 게을리 하거나 회피하지 말아야 합니다. 맡겨진 일들을 주의 일로 여기고 충성스럽게 행해서 주님에게 영광 돌리는 삶을 살아야 합니다(행 5:31; 고전 4:2 참조).

삶으로 그리스도를 드러내라

'사랑으로 살다가 사랑으로 죽은 사람' 하면 손양원 목사를 떠올리게 됩니다. 그는 나환자들을 사랑했고, 심지어 자기 원수까지도 사랑했습니다. 평양 장로회신학교를 졸업한 손 목사는 전도사 시절에 여수의 나환자 요양원인 애양원의 교회에서 봉사하다가 신사참배를 거부했다는 이유로 체포되었습니다. 1945년 8월, 광복이 되어서야 출옥한 그는 애양원 교회로 돌아와 남은 생애를 나환자들과 동고동락하며 그들에게 모든 정성과 사랑을 쏟아 부었습니다.

한 번은 박옥선이란 여 환자가 발바닥에 난 종기 때문에 다리를 절단해야 할 만큼 심한 고통에 시달렸습니다. 이때 손 목사는 주저하지 않고 자신의 입으로 피고름을 빨아냈습니다. 나병의 환부에는 사람의 침이 좋은 약이 된다는 속설이 있었기 때문입니다. 무엇이 그로 하여금 악취가 진동하는 발을 들고 피고름을 빨게 했겠습니까? 사랑입니다. 그의 사랑이 아닌 하나님의 사랑이었습니다.

그는 평소 "차라리 내가 나병에 걸린다면 오죽 좋겠나. 그리 되면 가까이 오지 말라고 뒷걸음질하는 환자도 없을 것 아닌가. 언제라도 그들과 함께 웃고 떠들며 놀 수 있지 않겠는가" 하고 말했다고 합니다. 사실 나환자들과 함께 웃고 떠들며 놀기를 원한 이는 바로 예수 그리스도이실 것입니다.

손 목사의 딸 손동희 권사는 《나의 아버지 손양원 목사》(아가페출판사)에서 아버지를 이렇게 회고합니다.

"아버지는 이들을 너무나 사랑했다. 아버지는 분명 우리 남매의 아버지인데 내가 볼 때 나환자들의 아버지인 것만 같아 보였다."

1948년 10월 19일에 발생한 여수·순천사건에서 그의 사랑의 극치를 볼 수 있습니다. 사랑하는 두 아들, 동인과 동신을 살해한 반란군 안재선을 용서하고 양자로까지 삼은 것입니다. 안재선이 처형되기 직전에 손 목사의 딸 동희가 아버지의 용서와 사랑의 메시지를 눈물로 전하자 그 자리에 있던 군인이 입에 물고 있던 담배를 떨어뜨리며 "위대하시다"

하고 감탄하며 눈물을 흘렸다고 합니다.

한국전쟁이 터지고 북한 공산군이 진격해 오는 가운데 모두 피난 갈 준비를 했지만, 손 목사는 나환자들을 버려두고 갈 수 없다며 끝까지 애양원에 남았습니다. 결국 공산군에 체포된 후 모진 고문 끝에 총살되어 향년 48세에 순교했습니다. 그는 이 땅에 사랑의 원자탄을 터뜨리고, 생애 끝까지 사랑으로 살다가 사랑으로 죽은 사랑의 사도였습니다.

손양원 목사와 같은 사례를 외국에서도 찾아볼 수 있습니다. 인도 최초의 선교사 윌리엄 캐리(William Carey)는 현대 선교의 아버지로 불립니다. 그는 굉장히 부지런한 사람이었습니다. 그의 전기를 읽으면서 제일 인상 깊었던 것이 바로 부지런함입니다. 짧은 시간 동안 타밀어 활자를 만들고, 중국어 활자를 제작하고, 인도 문법책을 만들고 산스크리트어로 구약성경을 번역하기까지 했습니다. 그뿐만 아니라 벵골어 사전과 신약성경을 번역했고, 텔루구어로 문법책을 만들기도 했습니다. 이 모두가 인도에 복음을 전하기 위한 것이었습니다.

그런데 1812년 3월 12일, 윌리엄 캐리의 숙소에 불이 났습니다. 모든 것이 한순간에 잿더미로 변했습니다. 하루 꼬박 작업한 내용물을 컴퓨터 오작동으로 날려 버려도 눈앞이 깜깜한데, 20년간 쌓아 온 일을 하루 아침에 날려 버렸으니 얼마나 공허했겠습니까? 저라면 막막함에 좌절했을지도 모릅니다. 그러나 그는 잿더미 한가운데서 선교사들과 함께 예배를 드렸습니다.

"우리가 알거니와 하나님을 사랑하는 자 곧 그의 뜻대로 부르심을 입은 자들에게는 모든 것이 합력하여 선을 이루느니라"(롬 8:28).

　이것이 그때 그가 전한 말씀의 본문입니다. 그는 "하나님이 어떻게 하실지 우리는 모릅니다. 하지만 이 모든 것이 합력해서 선을 이룰 줄 믿습니다"라고 고백했습니다.

　그러자 정말로 합력해서 선을 이루는 일이 일어났습니다. 그의 소식이 고향 영국에 전해져 많은 젊은이들의 마음 가운데 성령의 불꽃을 던진 것입니다. 윌리엄 캐리의 마음속에 있던 성령의 불길이 런던의 수많은 사람들 가슴에도 동일하게 전달된 것입니다. 사람들은 '그는 우리가 하지 못하는 일을 해 왔는데 모두 잿더미가 되었단 말인가' 하고 안타까워하며 하나둘 나서기 시작했습니다. 당시 이 일을 계기로 선교에 헌신한 사람이 3천 명이 넘었다고 합니다. 실제로 인도에 간 선교사만 500명이 넘습니다.

　그렇게 해서 여러 분야의 전문가들이 확보되었고, 번역 전문가 50여 명이 합세해서 20년간 윌리엄 캐리가 이루었으나 하루아침에 잿더미가 되었던 그 일을 2년 만에 완전 복구해 냈습니다. 또한 그전에는 열댓 명에 불과했던 선교사가 수백 명으로 늘어 인도 선교가 활성화되는 역사가 일어났습니다.

　은혜는 바로 이런 방식으로 역사합니다. 때로 하나님은 나 하나를 무너뜨리심으로써 주변의 많은 사람들에게 믿음의 불길을 던지십니다. 그러므로 성도는 넘어져도 은혜요 일어서도 은혜요, 전진해도 은혜요 후퇴해도 은혜입니다. 하나님은 어떤 상황도 선하게 바꾸시고, 어떤 사람도 복되게 사용하시기 때문입니다. 아무리 부르짖어도 응답되지 않는 것 같아 막막해도 인내해야 할 이유가 있습니다. 하나님의 손에 붙들린바 되면 분명 그 뜻이 펼쳐진다는 것을 믿어야 합니다.

합력해서 선을 이루시는 하나님을 믿고 나아갈 때, 말씀으로 마귀를 멸하는 능력의 종이 될 것입니다. 낙심하지 말고, 낙담하지 마십시오. 이것이 바로 성도의 자세입니다.

사람을 구원하는 것보다 더 귀한 일은 어디에도 없습니다. 생명과 은사와 가장 귀중한 것을 드려 선교의 도구가 되십시오. 바로 내일 종말이 임한다 할지라도, 심판을 두려워할 것이 아니라 예수님의 다시 오심을 기뻐하며 전심으로 복음 전하는 직무를 다할 때, 하나님의 백성으로서 부끄럽지 않은 삶을 살 수 있을 것입니다.

우리는 예수님의 재림과 하나님의 마지막 심판을 기억해, 때를 얻든지 못 얻든지 하나님의 말씀을 전하고, 우리를 저항하는 사회 속에서 믿음을 지켜야 합니다. 그리고 맡겨진 직무를 다해야 합니다.

예수 그리스도가 다시 오실 때까지 우리는 심판에 대비해야 합니다. 지금은 말씀을 전해야 할 때입니다. 이것은 선택이 아니라 하나님의 명령이니, 더 늦기 전에 말씀을 전하십시오. 예수 그리스도의 복된 소식을 전하는 전도의 사람이 되겠다고 결단하고 실천하는 순간, 세상이 감당할 수 없는 사람이 될 것입니다. 마귀가 두려워하는 그 일을 하십시오.

그리스도인의 직무는

사람들이 듣든지 안 듣든지

하나님의 말씀을 전하는 것입니다.

2부

예수를
만나다

Only Christ

만나다

||||||||

삶이 뒤집히는 만남을 가지라

눅 5:1-11

표준국어대사전 **만나다**

"어떤 사실이나 사물을 눈앞에 대하다."

예수를 만나다

시몬 베드로는 어릴 때부터 아버지를 도와 고기잡이를 해 온 타고난 어부였습니다. 갈릴리에서 고기 잡는 일이라면 두말할 것 없이 시몬과 안드레 형제를 꼽았을 것입니다. 세베대의 아들인 야고보와 요한 형제도 어부였습니다. 그들 네 사람은 온갖 위험을 무릅쓰고 함께 일해 온 형제와도 같은 사이였습니다.

그들의 꿈은 무엇이었을까요? 그들은 모이면 늘 고기 잡는 얘기를 했습니다. 배가 가라앉을 정도로 고기를 많이 잡아 보는 게 꿈이었을 것입니다. 고기가 많이 올라오면 그물을 아무리 내렸다 올려도 피곤이 달아났습니다. 콧노래를 흥얼거리며 어깨를 들썩여 묵직한 그물을 끌어올릴 때면 세상을 다 가진 듯 기뻤습니다. 하지만 한 마리도 잡지 못하는 날에는 지구를 어깨에 짊어진 듯 지치고 힘들었습니다. 집에서 기다리고 있을 가족에게 미안한 생각이 들어 온몸에 힘이 쫙 빠지곤 했습니다.

바로 그날, 그들은 텅 빈 그물을 허망한 눈빛으로 걷어 올려 씻고 있었습니다. 내일을 기다릴 수밖에 없다고 푸념하고 있을 때 나사렛 출신의 목수가 그들 곁에 다가왔습니다. 그의 이름은 흔하디흔한 '예수'였습니다.

순종해야 만날 수 있다

지난 안식일에 예수라는 사람이 가버나움 회당에서 가르쳤는데, 그 권위 있는 말씀에 동네 사람들이 놀랐습니다. 그 자리에서 더러운 귀신 들린 사람이 "아 나사렛 예수여 우리가 당신과 무슨 상관이 있나이까 우리를 멸하러 왔나이까"(눅 4:34) 하며 소리 지르자 그가 꾸짖으며 "잠잠하고 그 사람에게서 나오라"(눅 4:35) 하니 귀신이 물러간 것을 목격했던 터였습니다. 시몬은 귀신 들렸던 자가 예수에 관해 했던 말을 떠올렸습니다.

"나는 당신이 누구인 줄 아노니 하나님의 거룩한 자니이다"(눅 4:34).

당시 제사장들과 율법 선생들은 예수님을 알아보지 못했습니다. 심지어 예수님이 하나님을 아버지로 불렀다는 이유로 예수님을 십자가에 못 박아 죽게 했습니다. 그런데 놀랍게도 악한 영과 마귀들은 어김없이 예수님이 하나님의 아들이심을 알아봤으며, 그 앞에서 두려워 떨며 예수님의 말씀에 순복했다고 성경은 기록하고 있습니다.

그 예수님이 게네사렛 호수에서 말씀을 전하셨습니다. 무리가 몰려오자 예수님이 시몬의 배에 올라타셨습니다. 배를 육지에서 조금 띄운 채로 무리를 가르치셨습니다. 시몬은 그물을 씻으면서 예수님의 말씀에 귀를 기울였습니다.

예수님이 말씀을 마치시고, 그에게 "깊은 데로 가서 그물을 내려 고기를 잡으라"(눅 5:4)고 말씀하셨습니다. 그러나 천생 어부인 시몬이 선뜻 따르기에는 말도 안 되는 명령이었습니다. 이유가 무엇입니까?

첫째, 어부가 아닌 목수의 훈수였기 때문입니다. 예수님이 목수 출신이라는 건 사람들이 다 알고 있었습니다. 바다에서 일하는 사람이 아니었던 것입니다. 자칫하면 바닷가에서 나고 자란 어부 시몬의 자존심이 구겨질 수도 있는 상황이었습니다.

둘째, 그때는 이미 고기 잡힐 시간이 아니었습니다. 어부라면 다 아는 상식이었습니다. 게다가 밤새 수고했지만 한 마리도 건지지 못한 상태였습니다. 예수님의 말씀은 비 한 방울 떨어지지 않는데 우산을 펴라는 말씀이나 다름없었습니다. 먹을 것이 없는데도 식사 기도부터 하라는 격이었습니다.

과연 시몬은 어떤 선택을 했을까요? 그는 귀신이 예수님의 말씀에 순종하는 모습을 봤습니다. 예수님이 말씀으로 육신의 질병을 고치시는 것도 목격했습니다. 많은 동료 어부와 무리가 지켜보는 가운데 시몬이 대답했습니다.

"선생님 우리들이 밤이 새도록 수고하였으되 잡은 것이 없지마는 말씀에 의지하여 내가 그물을 내리리이다"(눅 5:5).

예수님의 말씀을 따르지 않을 만한 이유가 한둘이 아니었는데도 시몬은 깊은 데로 가서 그물을 내리기 시작했습니다. 예수님이 말씀하신 그대로 순종한 것입니다. 그리고 나서 그물을 올리기 시작했습니다. 술술 올라올 줄 알았던 그물이 돌에라도 걸린 듯 묵직했습니다. 있는 힘껏 들어 올리자 은빛 고기들이 모습을 드러냈습니다. 건져 올린 고기가 얼마나 많던지 그물이 찢어질 지경이었습니다. 설마 하며 뒷짐 지고 구경하던 동료 어부들도 놀라서 달려들어 도왔습니다. 두 배가 모두 잠길 정도로 가득 채워졌습니다.

시몬은 자기 눈으로 보고도 믿을 수가 없었습니다. 그의 경험과 지식에서 나온 믿음이 한순간에 흔들렸습니다. 만선의 꿈을 이루었지만, 기쁨과 환희를 느끼는 대신에 부끄러움을 느꼈습니다. 그래서 이렇게 고백합니다.

"주여 나를 떠나소서 나는 죄인이로소이다"(눅 5:8).

예수를 만나 소망을 발견하다

그 일이 있기 전까지만 해도 시몬에게 예수님은 율법 선생이었을 뿐입니다. 다만 다른 선생들보다 더 권위 있고, 더 능력 있는 분이었습니다. 그래서 예수님을 '선생님, 선생님' 하고 불렀습니다. 그런데 이날 사건으로 그의 세계관이 흔들렸습니다. 자신이 믿고 자부했던 것들이 물거품이 되는 것을 봤습니다. 그에게 예수님은 더 이상 나사렛에서 온 목수의 아들이 아니었습니다. 율법 선생도 아니었습니다. 시몬은 예수님이 주님이심을 깨달았습니다. 그리고 자신이 거룩한 존재 앞에 선 죄인임을 깨달았습니다.

예수님은 기다렸다는 듯이 말씀하셨습니다. '무서워하지 마라. 이제부터 너는 사람을 낚게 될 것이다.' 훗날 베드로로 불릴 시몬이 주님 앞에 내세울 것 없이 벌거벗은 듯 서 있을 때, 주님은 그에게 '사람을 낚는 어부'라는 새 옷을 입혀 주셨습니다. 제자로 삼으시고, 새로운 사명을 주셨습니다.

예수님은 이 땅에 오셔서 복음을 전할 사람들을 키우는 일을 하셨습니다. 자신이 복음을 전하는 데서 그치지 않으시고, 계속해서 복음을 전할 사람을 세우셨습니다. 시몬 베드로와 안드레 형제, 야고보와 요한 형제를 불러 사람을 낚는 어부로 세우셨습니다. 그래야만 복음을 전하는 사명이 다음 세대로 이어질 것이기 때문입니다. 주님이 다시 오시는 그날까지 복음이 땅 끝까지 이르도록 전해져야 하기 때문입니다. 그래서 예수님은 오늘도 제자를 부르십니다.

인간적인 계산이나 과거의 경험이나 상식 같은 것들은 버리십시오. 하나님이 하시는 일을 우리가 무슨 수로 이해하겠습니까? 하나님은 노아에게 산꼭대기에 거대한 방주를 지으라고 하셨습니다. 동네 사람들은 모두 노아가 미쳤다고 말했습니다. 하나님은 아브라함에게 하나밖에 없는 사랑하는 외동아들 이삭을 번제로 바치라고 말씀하셨습니다. 또 애굽을 겨우 빠져나온 모세와 이스라엘 백성을 피할 곳 없는 홍해로 인도하셨습니다. 기드온에게는 그를 따르는 이스라엘 백성 3만 2천 명 중에서 300명을 추리게 하시고, 그들로 해변의 모래만큼 많은 미디안 군대를 치게 하셨습니다.

사람들은 상식이 통하는 세상을 좋아합니다. 서로 간에 어느 정도 선을 유지하면서 각자 이익을 취하려고 합니다. 그러나 그러한 태도가 하나님에게도 통합니까? 우리가 무엇이기에 하나님과 협상할 수 있습니까? 욥은 자기 아들딸들과 전 재산을 잃고 이렇게 고백했습니다. "주신 이도 여호와시요 거두신 이도 여호와시오니 여호와의 이름이 찬송을 받으실지니이다"(욥 1:21). 하나님이 무슨 말씀을 하시든 우리는 할 말이 없습니다. 상식에 어긋나고 도무지 이해할 수 없어도 순종하는 것이 믿음입니다.

귀신 들린 자, 악한 영에 시달리는 자의 이야기는 옛날이야기가 아닙니다. 남의 이야기도 아닙니다. 지금도 우리 주위에, 심지어 교회 안에도 악한 영에 시달리며 고통 받는 영혼들이 있습니다. 기술이 발달하고 정보가 넘쳐나지만 영적으로는 더욱 병들어 가는 시대입니다.

특히 우리나라는 OECD 국가 중에서 자살률 1위라는 불명예를 안고 있습니다. 하루 평균 약 36명이 자살하고 있습니다. 39분마다 한 명씩 자살하는 셈입니다. 10대 청소년은 37시간마다 한 명씩, 60대 이상 노인은 2시간마다 한 명씩 자살한다고 합니다. 이런 통계를 보고 있노라면 절망감을 느낄 수밖에 없습니다.

그러나 악한 영의 거짓말에 속아 넘어가 자기 목숨을 스스로 끊는 사람이 이렇게나 많다는 사실에 놀라고만 있을 수는 없습니다. 우리에게는 살 소망이 있기 때문입니다. 시몬 베드로처럼 예수 그리스도를 만나야 합니다. 아무리 힘들어도 하나님의 말씀을 들을 수 있는 곳으로 나아가야 합니다.

예수를 만나야 회복할 수 있다

저는 숨 가쁘게 한 주일을 보내느라 지치고 힘들수록 더욱 열심을 내어 예배에 참석하곤 합니다. 때로는 어린 세 자녀와 함께 금요 심야 예배를 드리기도 합니다. 자녀들이 영적으로 잘되는 비결이 있다고 믿기 때문입니다. 믿음의 유산보다 더 큰 축복은 없다고 믿습니다. 부모가 하나님의 말씀에 절대 순종하는 모습을 보이는 것보다 더 큰 가르침은 없다고 믿습니다.

자녀에게 창세기 22장의 아브라함과 이삭 이야기를 들려주십시오. 그 애지중지하는 아들, 사랑하는 외아들을 번제물로 바치라는 하나님의 말씀에 아브라함이 순종합니다. 하나님이 어떻게든 이삭을 다시 살리실 것이라는 믿음으로 모리아 산에서 이삭을 하나님에게 바치려는 순간 여호와의 사자가 급히 말리지 않습니까? 그때 아브라함의 뒤에 숫양 한 마리가 뿔이 수풀에 걸린 채로 대기하고 있었습니다. 하나님이 숫양을 미리 준비해 주신 것입니다. 아브라함은 '여호와 이레'의 하나님을 경험했습니다. '여호와 이레'란 '하나님이 준비하신다'라는 뜻입니다. 아브라함은 말씀에 순종함으로써 엄청난 축복을 받았습니다.

하나님의 말씀에 순종하는 본을 자녀에게 보여 주십시오. "내게 능력 주시는 자 안에서 내가 모든 것을 할 수 있느니라"(빌 4:13)라는 말씀에 순종해서 주님이 주신 사명을 감당해 갈 때, 하나님이 능력 주시는 것을 실제로 경험하게 될 것입니다. 또한 하루하루 순종하다 보면, "또 여호와를 기뻐하라 그가 네 마음의 소원을 네게 이루어 주시리로다"(시 37:4)라는 말씀이 삶 속에 이루어지는 것을 경험할 것입니다.

그러니 그동안 주님 외에 의지했던 모든 것을 버리고 주님의 말씀과 사명만을 따르십시오. 주님이 우리에게 주신 사명이 있습니다. 바로 사람을 낚는 어부가 되는 것입니다. 우리가 바로 반석이고, 우리가 바로 교회입니다.

참으로 감사한 것은, 이 길을 혼자 가게 하지 않으신다는 사실입니다. 예수님이 함께하시며, 믿음의 동역자와 함께하게 하십니다. 베드로에게는 형제 안드레가 있었고 요한에게는 형제 야고보가 있었듯이, 우리에게도 믿음의 형제자매들이 있습니다.

우리가 믿고 신뢰하는 주님은 어떤 분이십니까? 악한 권세를 다스리시고, 우리의 생사화복을 주관하시며, 인간의 상식을 벗어나 능력을 행하시는 분이 아닙니까? 주님은 어제나 오늘이나 동일하게 권능의 주님이십니다.

주님만을 믿고 순종하며 따라가십시오. 때로는 이해할 수 없더라도,

두려움에 몸을 떨지라도 순종하십시오. "너희 믿음대로 되라"(마 9:29)고 하신 주님의 말씀을 기억하십시오. 하나님의 말씀을 믿고 순종할 때, 주님이 우리를 회복하시고 계속해서 귀한 사명을 감당해 나갈 수 있게 도우실 것입니다. 주님이 주신 귀한 축복을 받아 누리십시오.

안기다

|||||||||

예수가 품지 못할 인생은 없다

요 21:20-25

표준국어대사전 **안기다**

"두 팔을 벌린 가슴 쪽으로 끌어당겨지거나 그렇게 되어 품 안에 있게 되다."

사랑의 사도, 요한

21장의 내용은 사복음서에서 유일하게 요한복음에만 쓰였습니다. 사도 요한이 그 자리에서 목격해 기억하고 있던 사실을 기록한 것입니다. 다른 복음서를 보충하기 위해 쓴 것일 수도 있고, 사도 요한이 개인적으로 의도해서 기록한 것일 수도 있습니다. 확실한 것은 "오직 이것을 기록함은 너희로 예수께서 하나님의 아들 그리스도이심을 믿게 하려 함이요 또 너희로 믿고 그 이름을 힘입어 생명을 얻게 하려 함"(요 20:31)이라고 요한이 기록 목적을 밝혔다는 것입니다.

사도 요한은 요한복음뿐 아니라 요한일·이·삼서와 요한계시록의 저자이기도 합니다. 그중에 요한일서는 사랑에 관해 구체적으로 가르쳐 줍니다. 우리가 잘 알고 있는 "하나님은 사랑이시라"(요일 4:16)가 바로 사도 요한이 한 말입니다. 그러니 요한복음의 마지막 21장을 읽고 나면 '사랑'이라는 단어가 가슴에 남는 것도 우연이 아닙니다. 사도 요한은 사랑의 사도로 불릴 만큼 사랑을 중요시했고, 그 자신이 사랑으로 살았습니다.

요한이 기록한 베드로와 예수님의 대화를 살펴보되, 베드로보다는 오히려 요한에 초점을 두어 이야기하고자 합니다.

사랑해야 보인다

스승의 가르침에 스스로 알아서 행동하는 제자가 있다면 그런 제자를 가르치는 스승은 보람될 것입니다. 자기주도적으로 선택하며 살아가는 인생이 수동적으로 방황하며 헤매는 인생보다는 더 가치 있을 것입니다.

사랑에도 자기주도적 사랑이 있습니다. 베드로를 비롯한 많은 제자들이 예수님을 사랑했지만, 요한에게서는 굳이 말로 표현하지 않고, 시키지 않아도 스스로 알아서 움직이는 사랑을 발견합니다. 그래서 저는 요한의 사랑을 자기주도적 사랑으로 표현하고 싶습니다.

예수님을 향한 요한의 자기주도적 사랑의 단서를 21장에서만 적어도 세 군데서 찾아볼 수 있습니다. 첫 번째 단서는 7절에 있습니다.

"예수께서 사랑하시는 그 제자가 베드로에게 이르되 주님이시라 하니 시몬 베드로가 벗고 있다가 주님이라 하는 말을 듣고 겉옷을 두른 후에 바다로 뛰어 내리더라."

예수님은 부활하신 후 사람들에게 두어 차례 나타나시긴 했지만 제자들과 함께하지는 않으셨습니다. "내 형제들에게 갈릴리로 가라 하라 거기서 나를 보리라"(마 28:10)라고 말씀하고 사라지셨기 때문입니다.

제자들은 디베랴 바다로도 불리던 갈릴리 호수 근처에 있었습니다. 그때 시몬 베드로가 물고기를 잡으러 가겠다고 나서니 어부 출신의 제자들이 따라나섰습니다. 그렇게 그들은 배에 올라 날이 새도록 고기를 잡았습니다. 그러나 3년간 예수님을 쫓아다니느라 손에서 그물을 놓은 탓인지 한 마리도 잡지 못했습니다.

날이 새어 갈 때, 바닷가에 선 어떤 사람이 잔잔한 새벽 공기를 뚫고 말을 걸어 옵니다. 고기를 못 잡았다고 하니 그 사람이 그물을 배 오른편으로 던지라고 조언합니다. 여기까지만 들어도 시몬과 예수님의 첫 만남을 떠올릴 수 있을 것입니다. 그런데 제자들은 물고기 잡는 데 몰두하느라 그 사람이 바로 예수님이심을 알아차리지 못합니다. 말씀대로 오른편에 그물을 던지니 물고기가 너무 많아서 들 수 없을 지경이 되었습니다.

바로 그때, '예수께서 사랑하시는 그 제자', 즉 요한이 알아차리고 베드로에게 귀띔합니다. "주님이시라"(요 21:7). 베드로는 그제야 예수님에게 인사드리러 겉옷을 두르고 배에서 뛰어 내려 예수님에게로 헤엄쳐 갔습니다.

배에는 다섯 명의 제자가 타고 있었습니다. 그중에 예수님을 가장 먼저 알아본 사람이 바로 요한입니다. 어째서일까요? 그만큼 요한이 예수님을 깊이 사랑했기 때문이라고 생각합니다. 누군가를 사랑하면 그 사람의 모든 것을 기억하고, 그 기억을 소중히 간직할 뿐만 아니라 자주 되새기기 마련입니다. 요한은 예수님이 이전에 행하신 모든 기적을 기억하며 소중히 간직하고 있었습니다.

예수님이 시몬을 처음 부르셨을 때 요한도 형제 야고보와 함께 그 자리에 있었습니다. 예수님이 시몬에게 "깊은 데로 가서 그물을 내려 고기를 잡으라"(눅 5:4)고 말씀하시자 시몬은 "밤이 새도록 수고하였으되"(눅 5:5) 아무것도 잡지 못했지만, 순종해서 그물을 내렸습니다. 그때도 잡은 고기가 심히 많아 그물이 찢어질 정도였습니다. 이 기적을 목격한 요한은 그 기억을 고스란히 간직하고 있었습니다.

게다가 갈릴리로 가서 기다리라고 하신 예수님의 말씀도 주의 깊게 기억하고 있었습니다. 요한은 예수님에 관한 모든 것을 잠시도 잊지 않았습니다. 그래서 누구보다도 먼저 예수님을 알아볼 수 있었던 것입니다. 누구든 자기가 가장 소중히 여기는 대상은 멀리서도 알아보는 법입니다.

우리는 어떻습니까? 예수님을 얼마나 생각하고, 예수님을 얼마나 알아봅니까? 사느라 바빠서, 고단한 삶에 지쳐서, 세상과 사랑에 빠져서 또는 예수님보다 사람이 더 좋아서 예수님을 잊고 살지는 않습니까? 그렇다면 예수님을 처음 만났을 때를 기억하십시오. 예수님 생각만 해도 감격스럽고 감사했던 때가 있지 않았습니까? 그 첫사랑을 회복하십시오.

인간의 사랑은 한결같지 않습니다. 오죽하면 첫사랑은 이루어지지 않는다고 하겠습니까? 연인이 서로에게 처음 느꼈던 감정을 변함없이 느낄 수 있다면 왜 헤어지겠습니까? 시간이 갈수록 감정은 식어 가고, 사랑은 퇴색합니다.

하지만 예수님의 사랑은 인간의 사랑과 다릅니다. 어제나 오늘이나 동일합니다. 장차 올 미래에도 변함없을 것입니다. 달라지는 것은 우리입니다. 우리가 예수님을 잊었다가 다시 찾았다가 하는 것뿐입니다. 그래서 우리는 기억하려고 노력해야 합니다. 날마다 예수님을 향한 사랑을 기억하고, 또 기억해야 합니다. 새벽 기도든 큐티든 성경 읽기든 매일 기억하는 훈련을 해야 합니다.

하나님의 사랑을 깨달아야 사랑할 수 있다

두 번째 단서는 20절에서 찾을 수 있습니다.

"베드로가 돌이켜 예수께서 사랑하시는 그 제자가 따르는 것을 보니 그는 만찬석에서 예수의 품에 의지하여 주님 주님을 파는 자가 누구오니이까 묻던 자더라."

예수님이 십자가에서 죽으시기 전 제자들과 나눈 마지막 만찬이었습니다. 실은 여느 해처럼 유월절을 기념하는 자리였습니다. 이것이 예수님과의 마지막 만찬이 되리라고는 아무도 알지 못했습니다. 불과 몇 시간 뒤에 일어날 일을 누가 상상할 수 있었겠습니까?

이때 요한은 예수님의 품에 기대어 주님의 심장 소리를 듣고 있었습니다. 평소에도 요한은 예수님의 품에 기대어 있었으리라고 짐작할 수 있습니다. 남자가 남자 품에 기대어 있다는 것은 서로 허물없는 사이라는 뜻입니다. 피를 나눈 형제만큼이나 가까운 사이라고 할 수 있습니다. 요한에게 예수님은 그처럼 친밀한 스승이었을 것입니다.

요한은 만찬 때뿐 아니라 늘 예수님의 곁에 있었습니다. 예수님이 붙잡히신 뒤에도 그랬습니다. 십자가에 달리신 예수님의 곁을 지킨 유일한 제자가 바로 요한입니다. 목숨을 걸고 예수님 곁에 남아 있었던 것입니다. 예수님이 어머니 마리아를 부탁하신 제자가 누구입니까? 바로 요한입니다. 마치 친형제에게 부탁하듯 어머니를 부탁하셨습니다. 죽음만이 요한과 예수님을 갈라놓을 수 있었습니다.

예수님이 부활하신 다음에도 요한은 여전히 예수님의 곁을 맴돕니다. 그래서 예수님이 베드로에게 하신 말씀을 다 들을 수 있었을 것입니다. 그러니 복음서에 기록할 수 있었을 것입니다.

예수님은 베드로에게 다시 "나를 따르라" 하고 말씀하셨습니다(요 21:19 참조). 베드로가 말씀에 순종해서 따라가다가 문득 뒤를 돌아봅니다. 누군가가 쫓아오고 있습니다. 바로 요한입니다. 정말 못 말리는 친구입니다. 베드로가 '나는 젊어서는 스스로 띠 띠고 원하는 곳으로 다니지만 늙어서는 원하지 않는 곳으로 가게 되리라고 하셨는데, 저 요한은 어떻게 되겠습니까?' 하고 예수님에게 묻습니다. 그러자 예수님은 '그게 너와 무슨 상관이냐?' 하고 반문하시며 다시금 '너는 나를 따르라' 하고 말씀하십니다.

예수님은 베드로에게 그의 죽음을 예고하셨습니다. '네가 나를 사랑하고 따른다면, 너는 비참한 죽음을 맞이하게 될 것이다. 그래도 나를 따르라'라고 말씀하신 것입니다. 예수님을 따르라는 것은 아무 생각 없이 무조건 따르라는 말씀이 아닙니다. 어떤 희생을 요구받든지, 목숨을 걸고 따를 각오가 되어 있어야 합니다. 이러한 생각을 해 보지 않고는 주님을 따른다고 말할 수 없습니다. 우리도 이것을 잘 알고 주님을 따라야 할 것입니다.

예수님은 "네 마음을 다하고 목숨을 다하고 뜻을 다하고 힘을 다하여 주 너의 하나님을 사랑하라"(막 12:30)고 가르쳐 주셨습니다. 여기서 '뜻'은 영어로 'mind'입니다. 감정이 아닌 생각을 가리킨 말입니다. 생각으로도 주님을 따라야 한다는 뜻입니다. 우리는 생각해야 합니다. 주님을 따르는 길이 어떠하며, 그것이 내게 무엇을 요구하는지를 날마다 생각해야 합니다. 그리고 날마다 주님과 함께 죽고, 그리스도와 함께 살아야 합니다. 그것이 생명의 길입니다.

"네게 무슨 상관이냐"(요 21:22)란 말씀은 '쓸데없는 생각하지 마라'라는 뜻으로 해석할 수 있습니다. 무엇이 쓸데없는 생각입니까? 다른 사람과 비교하는 마음이나 타인에 관한 지나친 관심이 여기에 포함될 것입니다. 예수님을 따르는 일 외에는 궁금해 할 것도, 관심 가질 것도 없다는 뜻입니다. 이 원칙을 삶에 적용해 보십시오. 혼란스러웠던 상황이 정리될 것입니다. 천국과 지옥을 왔다 갔다 했던 마음이 평온해질 것입니다.

분주했던 일상이 단순해질 것입니다. 피곤하고 지칠 필요 없이, 새 힘을 얻을 것입니다.

그런데 우리도 가끔 이런 질문을 할 때가 있습니다. '주님, 나는 이렇게 고생하는데, 어떻게 저 형제는 별 고생도 않고 평안하게 잘 살아갈까요?' 저도 그럴 때가 있습니다. 지치고 힘들 때면 저도 모르게 주변을 살펴보게 됩니다. 아무 걱정 없이 해맑게 웃는 성도들을 보면 제 어깨의 짐이 더 무겁게 느껴질 때가 있습니다. 그럴 때일수록 사람들을 돌아보던 눈을 돌려 말씀에 고정해야 합니다. "네게 무슨 상관이냐"라고 물으시는 주님 앞에 짊어졌던 무거운 짐을 내려놓으면, 우리는 비로소 자유함을 느끼며, 하늘 문이 열리는 경험을 하게 됩니다.

베드로가 궁금해 했던 '이 사람', 요한은 어떻습니까? 그는 예수님이 별말씀하지 않으셔도 늘 예수님 곁에 있었고, 예수님을 잘 따랐습니다.

요한은 제자 중의 막내였던 것으로 알려져 있습니다. 저희 집 막내는 말 잘하는 오빠들에 밀려 자기 의견을 말할 틈이 없습니다. 아내가 중재해 주지 않으면 막내가 말을 끝내기 어려울 지경입니다. 요한이 막내로서 어떻게 생활했는지는 알 수 없지만, 성경의 기록을 보면, 적어도 베드로만큼 주목을 받거나 자기 뜻을 크게 펼친 적은 없는 것 같습니다. 그래도 예수님의 품에 안기길 좋아했던 요한은 끝까지 예수님 곁을 떠나지 않았고, 십자가의 죽음마저도 가장 가까이에서 지킨 제자가 되었습니다.

요한의 그러한 사랑의 원동력은 무엇이었을까요? 어쩌다가 그는 예수님을 그토록 사랑하게 되었을까요? 열쇠는 그가 자신을 가리킨 말에 있습니다. 그는 자신을 "예수께서 사랑하시는 그 제자"(요 21:7)로 소개합니다. 이것이 바로 요한의 정체성입니다.

예수님이 요한만 사랑하셨을까요? 아닙니다. 예수님이 제자들을 얼마나 사랑하셨는지는 우리가 다 압니다. 그러나 당시에 그 사랑을 깨달은 제자는 거의 없었습니다. 요한이야말로 예수님의 사랑을 누구보다도 잘 알았던 제자였습니다.

아버지가 똑같은 사랑을 베풀어도 자식들은 제각기 다르게 받아들인다는 사실을 자녀가 있는 사람이라면 알 것입니다. 탕자의 비유만 봐도 알지 않습니까? 아버지의 사랑은 큰아들에게나 탕자인 작은아들에게나 똑같습니다. 그런데도 큰아들은 아버지의 사랑이 다르다고 불평합니다.

요한은 예수님의 사랑을 있는 그대로 받아들였습니다. 주님이 사랑한다고 하신 말씀을 그대로 믿고, 그것을 자기 정체성으로 삼았습니다. 그의 순수함이 그로 하여금 '예수께서 사랑하시는 그 제자'라는 신분을 얻게 한 것입니다.

사는 게 힘겹고, 마음이 슬프고, 매사에 자신감이 없다면, 성경에 쓰인 하나님의 사랑을 있는 그대로 받아들여 보십시오. 사랑의 크기를 계산하지도 말고, 다른 사람과 비교하지도 말고, 예수님의 십자가 사랑을 오롯이 받아들이십시오. 그 사랑을 기억해야 우리를 향하신 하나님의 놀라운 계획을 깨달을 수 있습니다.

시험을 앞둔 큰아들이 밤늦게까지 학원에서 공부하다가 돌아오는 길에 학원 버스에 휴대전화를 두고 내려서 황망해한 적이 있습니다. 그날 따라 저는 피곤해서 일찍 잠을 청하려고 했습니다. 당황해하는 아들을 보며 속으로 어떻게 해야 할지 망설였습니다. 몸은 천근만근 무거웠지만, 밤새 걱정할 아들이 안되어 보여서 자리에 누울 수가 없었습니다. 아내에게 학원 버스 운전기사에게 전화를 부탁하고 큰아들과 함께 집을 나섰습니다. 그가 있는 곳을 찾아가 휴대전화를 건네받고 나서야 아들의 얼굴이 밝아졌습니다.

돌아오는 길에 큰아들이 마음을 열고 고민거리를 털어 놓았습니다.

"아빠, 나는 자신감이 없어서 힘든 일이 많아. 자신감을 가지려면 어떻게 해야 해?"

저도 큰아들처럼 10대 시절에는 자신감이 부족해서 꽤 많이 힘들었습니다. 그래서 아들의 고민에 공감할 수 있었습니다. 아버지로서 자신 있게 대답할 수 있었습니다.

"아빠는 예수님이 나를 사랑하시고, 나를 향한 놀라운 계획을 가지고 계시다는 것을 깨닫고 나서 자신감을 갖게 되었어. 예수님은 아빠에게 지혜도 주시지만, 자신감과 담대함도 주시는 분이야. 그걸 너도 깨닫고 믿기를 바란다."

단언컨대, 예수님의 사랑을 깊이 묵상하지 않는다면, 예수님의 사랑하신다는 말씀을 건성으로 들음으로써 예수님의 사랑을 체험하지 못한다면 우리는 사랑할 수 없습니다. 사랑의 '사'자도 모른 채 살아갈 것입니다. 하루를 시작하기 전, 날마다 예수님의 사랑을 묵상하십시오. 예수님에게 사랑을 고백하고, 그 사랑의 깊이를 더욱 알아가게 해 달라고 기도하십시오. 그래야 사랑의 능력을 알게 될 것입니다.

예수님 품에 안기다

세 번째 단서는 25절에서 찾습니다.

"예수께서 행하신 일이 이 외에도 많으니 만일 낱낱이 기록된다면 이 세
상이라도 이 기록된 책을 두기에 부족할 줄 아노라."

예수님이 이 땅에서 사역하신 기간은 3년에 불과합니다. 3년간 하신
일을 매일 기록한다고 해도 태조부터 철종까지 25대에 걸쳐 472년간 기
록한 〈조선왕조실록〉보다야 훨씬 짧지 않겠습니까? 그런데도 요한은
그 기록을 두기에 세상이 부족할 정도라고 말합니다.

이상하게도 그의 과장된 표현이 낯설지가 않습니다. 언제 흔히 들을
수 있는 표현입니까? 누군가를 사랑할 때입니다. 사랑에 빠진 사람은
그 사랑하는 대상에 관해 할 말이 많습니다. 끝을 모르게 나옵니다. 누
구나 사랑에 빠지면 시인이 됩니다. 이 구절은 예수님을 향한 요한의 애
틋한 마음의 표현인 것입니다.

또한 요한은 3년간 주님을 열정적으로 사랑하고 따랐기에 주님에 관
해서는 박사라고 할 수 있을 정도였습니다. 그러니 미처 기록하지 못한
숱한 이야기들이 있다고 장담할 수 있지 않았을까요?

요한은 자신을 가리켜 '예수께서 사랑하시는 그 제자'라고 했습니다.
그러나 이 말이 저에게는 '예수님을 가장 사랑한 그 제자'로 들립니다.
그가 보여 준 단서들이 예수님을 향한 그의 사랑을 증거하기 때문입니

다. 요한은 하나님의 사랑을 다음과 같이 멋지게 요약했습니다.

"하나님이 세상을 이처럼 사랑하사 독생자를 주셨으니 이는 그를 믿는 자마다 멸망하지 않고 영생을 얻게 하려 하심이라"(요 3:16).

성경은 하나님이 우리에게 보내신 사랑의 편지입니다. 예수님은 하나님이 우리로 하여금 멸망하지 않고 영생을 얻게 하려고 보내신 독생자이십니다. 말씀과 예수님이 없었더라면 우리는 죽음의 저주 아래 절망과 혼란을 겪으며 살아갔을 것입니다. 하나님은 말씀을 통해 하나님의 사랑을 깨닫고 체험할 수 있게 하셨고, 예수 그리스도를 통해 몸소 그 사랑을 보여 주셨습니다.

저는 요한처럼 그저 예수님이 좋아서 예수님 품에 기대어 다른 생각할 것 없이 예수님만 좇으며 자기주도적인 사랑으로 주님을 섬기는 자가 되기를 소망합니다. 예수님이 하나님 사랑의 증표가 되셨던 것처럼, 저도 예수 그리스도의 사랑의 편지가 되기를 소망합니다. 그리고 이웃을 저 자신같이 사랑하기를 원합니다. 누구든지 저를 통해 하나님의 사랑을 발견하고, 하나님의 말씀을 듣는 복된 통로가 되기를 소망합니다.

이대로 살면 안 되겠다는 생각이 듭니까? 지금이 인생의 변화가 필요한 때입니까? 말씀을 통해 하나님의 사랑을 배우고, 사랑의 증거가 되시는 예수 그리스도를 믿고 따라 보십시오. 사랑의 능력을 체험할 것입니다. 그로 말미암아 세상이 달라 보일 것입니다. 인생이 변할 것입니다.

예수님을 믿은 첫사랑이 식은 탓인지 신앙생활이 심드렁합니까? 하나님이 보내신 사랑의 편지를 읽으십시오. 하나님이 보내신 사랑의 증거인 예수 그리스도에게 다가가십시오. 요한이 그랬던 것처럼 조용히 예수님의 품에 기대어 그 심장 소리를 들어 보십시오. 그렇게 해서 '예수께서 사랑하시는 그 제자', 곧 '예수님을 사랑하는 그 제자'로 거듭나십시오.

07

거듭나다

||||||||

거듭남은 그리스도인의 정체성이다

고후 5:16-20

표준국어대사전 **거듭나다**

"원죄 때문에 죽었던 영이 예수를 믿음으로 해서 영적으로 다시 새사람이 되다."

참 성도의 특징

고린도교회는 바울이 전도하고 개척한 교회 중에서 가장 큰 교회에 속합니다. 고린도는 당시 국제 항구 도시로서 우상 숭배와 매춘으로 유명한, 성적으로 타락하고 부도덕한 도시였습니다. 그곳에 바울이 아굴라와 브리스길라 부부의 도움을 받아 교회를 개척한 것입니다. 회당장 그리스보의 회심과 실라와 디모데의 동역으로 고린도에서의 사역이 열매를 맺는 듯했습니다.

그러나 복음화가 진행될수록 사탄의 방해도 극심해져서, 교회에 파벌이 생기고 분쟁이 일어났습니다. 바울은 "그리스도를 믿음으로써 의롭다 함"(갈 2:16)을 얻는다고 주장하며 예수 그리스도의 복음을 전했지만, 바울을 반대하던 거짓 사도들은 예수님이 아닌 자신들을 따르도록 다른 복음을 전했습니다. 그들은 성도들에게 이단적인 가르침을 전파하며, 바울의 사도권을 의심하게 하고, 당을 지어 교회를 어지럽혔습니다.

사도 바울은 고린도교회에 보내는 두 번째 편지에서 자신의 사도권과 사역을 변호합니다. 그리고 무엇이 참목회이고 참구원의 메시지인지를 가르칩니다. 진짜를 알아야 거짓을 구별할 수 있고, 진짜를 알아야 미혹되지 않기 때문입니다.

그렇다면 참성도는 어떤 모습일까요? 바울의 편지에서 참성도의 특징을 세 가지로 찾아볼 수 있습니다.

그리스도 안에서 새로운 피조물이 됨

첫째, 참성도는 그리스도 안에서 새로운 피조물로 거듭났음을 선포합니다.

"그러므로 우리가 이제부터는 어떤 사람도 육신을 따라 알지 아니하노라 비록 우리가 그리스도도 육신을 따라 알았으나 이제부터는 그같이 알지 아니하노라 그런즉 누구든지 그리스도 안에 있으면 새로운 피조물이라 이전 것은 지나갔으니 보라 새것이 되었도다"(고후 5:16-17).

여기서 '그리스도 안에'(in Christ)란 예수님에게 속했다는 뜻으로, 예수님을 믿고 예수님과 하나가 되었다는 것입니다. 괴로울 때나 즐거울 때나 슬플 때나 기분 좋을 때, 곧 매순간 예수님을 의지하는 것이 예수님 안에 사는 것입니다.

사도 바울은 지나온 인생이야 어떻든 예수님을 인격적으로 만나 구원받고 나면 그리스도 안에서 새로운 피조물이 되었음을 확신하라고 선포합니다. 그리스도에게 속하는 순간, 경험과 정체성 등 이전에 가졌던 모든 것은 지나가고 새것이 됩니다. 이전에는 육신의 행위에 따라 알았으나 이제는 영적인 눈으로 믿음에 따라 알게 되기 때문입니다. 이것은 바울이 이미 경험한 바입니다.

철저한 율법주의자로서 열심으로 교회를 박해하던 청년 사울 시절, 바울은 예수님이 행하신 일들을 육신의 눈으로 바라봤으나 다메섹 도상에서 예수님을 만나고 나서야 완전히 변화되어 영의 눈으로 바라보게 되었습니다. 비로소 예수님이 그리스도이심을 알고 그분을 자신의 구세주로 받아들였습니다. 그리고 새로운 피조물이 되고서야 다른 사람들을 예수 그리스도의 눈으로 바라볼 수 있었습니다.

당시 바울을 대적하던 거짓 선생들은 고린도교회 성도들을 교묘한 말로 현혹했습니다. 그들은 율법이나 육적인 것으로 하나님과 화목할 수 있다고 주장했습니다. 그런데 그들이 모르는 것이 하나 있었습니다. 그리스도 안에 있음으로써 이전의 나는 없어지고 새로운 피조물로서 거듭난다는 사실을 그들은 알지 못했습니다. 경험해 보지 못했기 때문입니다. 우리는 예수님을 믿음으로써 예수님 안에 거하며, 예수님 안에 거함으로써 새로운 피조물이 됩니다.

그러나 고린도교회 성도들은 옛것을 버리려고 하지 않았습니다. 우리도 그들과 다르지 않습니다. 예수님을 영접하고 예수님 안에 있다고 안심하면서도 옛것을 버리지 못한 채 붙들고 있지는 않습니까? 바울의 가르침을 따를지, 아니면 거짓 선생의 거짓 가르침을 따를지 선택해야 합니다. 바울처럼 옛 자아와 결별하고 주님 안에서 얻은 새 자아로 자유함을 얻으려면, 눈에 보이는 세상적인 것에서 보이지 않는 영적인 것으로 관심을 옮겨야 합니다.

예수님 안에 거하는 것이 우선입니다. 예수님과의 개인적인 교제가 없으면 금방 지치고 쉽게 넘어지는 것을 알 수 있습니다. 사람은 하나님에게서 진정한 힘을 공급받기 때문입니다. 하나님의 말씀을 충분히 먹어야 영혼이 힘을 얻습니다. 그래서 예배가 중요합니다. 하나님의 말씀과 진리에 뿌리를 깊숙이 내리는 시간이기 때문입니다.

근심이 있다면 십자가 앞으로 나아가 그 아래에 근심의 짐을 내려놓아야 합니다. 그래야만 두려움이 변해서 기도가 되고, 전날의 한숨이 변해서 찬양이 되는 것을 경험할 수 있습니다. 예수님 안에서 새로워진 피조물은 무시로 기도하고 찬양합니다.

죽이고 싶을 정도로 미운 사람이 있습니까? 그 미움을 십자가 아래로 가져가십시오. 그래야만 예수 그리스도의 용서를 배울 수 있습니다. 그래야만 예수님의 마음으로 비로소 사랑할 수 있습니다. 용서할 수 없는 그 사람까지도 사랑할 수 있게 되는 것입니다. 새로운 피조물이 되면, 나에게 잘해 주는 사람뿐 아니라 나를 욕하고 핍박하는 사람까지도 사랑합니다.

예수님을 믿음으로써 예수님 안에서 새로운 피조물이 되었다는 사실을 알고 있습니까? 예수님을 처음 믿었을 때의 감격을 기억하고 있습니까? 기억한다면 다행입니다. 그러나 지금은 어떻습니까? 새로운 피조물로서 살아가고 있습니까? 눈에 보이는 현실은 바뀌지 않아도 영적인 기쁨을 누리며 살아가느냐는 말입니다.

옛것은 지나가고 새것이 되었다는 것은 옛날 방식대로 살지 않고 새로운 방식대로 사는 것을 의미합니다. 예전 같으면 냉혹한 현실에 상처받고 이리저리 치이며 살 텐데, 예수님 안에 있기에 보호받고 위로받습니다. 무거운 짐을 예수님에게 다 맡기니 어깨가 가볍습니다. 예전에는 삶이 버겁고 힘들어지면 누구라도 탓해야 힘을 낼 것 같았지만, 이제는 예수님을 믿고 예수님에게 힘을 얻으니 어떤 환난이나 시험이 닥쳐도 영원한 소망에 비하면 아무것도 아닌 듯 느낍니다. 예전에는 앞을 가로막은 문제들이 너무나도 커 보여서 아무런 희망도 보이지 않았지만, 이제는 만유의 주 되시는 예수님이 품지 못할 만큼 큰 문제는 없음을 압니다. 그러니 좋은 일에도 감사, 나쁜 일에도 감사하게 되고, 기쁠 때도 기도, 슬플 때도 기도하게 됩니다.

이 기쁜 소식을 어찌 전하지 않을 수 있겠습니까? 이전에는 나만을 위해 살았지만, 예수님의 사랑을 경험하고 나니 은혜의 복음을 전하지 않을 수 없게 됩니다. 이것이 바로 예수님을 믿는 삶입니다.

예수님 안에서 새로운 피조물이 되면 세상을 바라보는 눈이 달라집니다. 더 이상 육의 눈으로 보지 않고 영의 눈으로 세상을 바라보게 됩니다. 예수님의 눈을 가질 때, 우리는 두 번째 특징을 향해 나아갈 수 있습니다.

둘째, 참성도는 그리스도를 통해(through Christ) 하나님과 화목할 수 있음을 선포합니다.

"모든 것이 하나님께로서 났으며 그가 그리스도로 말미암아 우리를 자기와 화목하게 하시고 또 우리에게 화목하게 하는 직분을 주셨으니 곧 하나님께서 그리스도 안에 계시사 세상을 자기와 화목하게 하시며 그들의 죄를 그들에게 돌리지 아니하시고 화목하게 하는 말씀을 우리에게 부탁하셨느니라"(고후 5:18-19).

'그리스도로 말미암아'란 우리가 잘나서나 무엇을 잘해서 하나님과 화목하게 된 것이 아니라 '예수님 덕분에'라는 뜻입니다. 예수 그리스도 없이는 아무것도 이루어지지 않는다는 것입니다.

하나님과의 화목은 우리 힘으로 이룰 수 없습니다. 오직 그리스도로 말미암아야만 하나님과 화해할 수 있습니다. 우리는 하나님이 이루신 화목을 받아들일 뿐입니다. 모태신앙이거나 유아세례를 받았더라도, 신앙생활을 오래 했더라도 마찬가지입니다.

하나님과 화목하게 되었다는 것은 하나님과 관계를 맺게 되었다는 것입니다. 과거에는 죄로 인해 하나님에게서 분리되어 거짓의 아비를 섬겼으나, 이제는 예수 그리스도를 통해 하나님과 다시 관계를 맺을 수 있게 되었습니다. 예수 그리스도를 믿고, 믿음으로 나아가야만 하나님의 자녀가 될 수 있다는 뜻입니다.

하나님은 "한 사람이 모든 사람을 대신하여"(고후 5:14) 죽게 하셨습니다. 우리 죄를 우리에게 돌리지 아니하시고 그리스도 안에서 세상과 화목하게 하신 것이 바로 구원입니다. 그러므로 영생은 하나님과의 화목에 달려 있습니다. 즉 천국에 가느냐 지옥에 가느냐는 하나님과의 관계에 따라 결정된다는 뜻입니다. 우리는 하나님과 관계를 맺기 위해서 태어난 존재입니다. 그러니 우리 삶에 하나님과 화목을 이루는 것 외에 무엇이 더 필요하겠습니까?

하지만 예수 그리스도 없이는 하나님과 화목할 수 없습니다. 우리에게는 하나님과 화목할 능력이 없기 때문입니다. 죄로 인해 진홍같이 붉게 물들었기에 스스로 결코 양털같이 희어질 수 없습니다. 오직 예수님만이 우리를 흰 눈보다 더 깨끗이 만들어 주실 수 있습니다.

신문에서 빚 독촉에 시달리다가 극단적인 선택을 하는 사람들의 이야기를 심심찮게 접합니다. 부채의 무게가 얼마나 무거우면 자기 생명과 맞바꾸겠습니까? 빚에 시달리는 사람에게 간절한 소망은 빚 청산일 것입니다. 누군가 그 빚을 한꺼번에 해결해 준다면 얼마나 감사하겠습니까? 그런데 그런 능력이 예수 그리스도에게 있습니다. 예수님의 계좌는 한도가 없습니다. '가서 너희처럼 빚진 자를 데려오라'고 하실 정도로 넉넉하십니다.

하지만 빚진 자가 받지 않으면 그만입니다. 하나님은 화목을 강요하는 법이 없으십니다. 하나님이 이미 준비해 놓으신 화목을 받아들이기만 하면 됩니다. 그렇기 때문에 하나님과의 화목은 은혜입니다. 예수님 안에서 새로운 피조물이 되고, 예수님을 통해 죄 문제를 해결 받아 하나님과 화목을 이룰 때 비로소 참성도의 세 번째 특징이 나타납니다.

그리스도를 대신하는 하나님의 대사

셋째, 참성도는 그리스도를 대신하는 하나님의 대사(ambassadors for Christ)임을 선포합니다.

> "그러므로 우리가 그리스도를 대신하여 사신이 되어 하나님이 우리를 통하여 너희를 권면하시는 것같이 그리스도를 대신하여 간청하노니 너희는 하나님과 화목하라"(고후 5:20).

당시 로마 제국의 식민지들이 모두 친화적이었던 것은 아닙니다. 비교적 순응하는 지역은 그곳 출신의 관리가 다스리게 했지만, 제국 통치에 저항하는 속국들에는 로마에서 직접 대사를 파견했습니다. 로마 대사는 황제의 명을 받았기에 대단한 권력을 행사했습니다. 바울은 식민 지배하에 있는 사람이라면 누구나 알 법한 로마 대사에 빗대어 그리스도인은 그리스도를 대신하는 '하나님의 대사'임을 밝힙니다.

고린도교회는 거짓 선생들이 성도들을 현혹하는 바람에 혼란에 빠졌습니다. 그들은 예수 그리스도를 따라 고난과 자신의 약함을 자랑하던 바울에게 반기를 들며 육체를 따라 자기 업적과 강함을 자랑했습니다.

또한 성도들에게 물질적인 도움을 받지 않고 장막 만드는 일로 스스로 생계를 꾸리는 바울을 비난하며 그를 참사도로 인정하지 않았습니다. 그럼으로써 바울과 고린도교회 성도들을 이간질했습니다.

이처럼 복음이 제대로 전해지지 않고 억울하게 비난받는 상황에서 바울은 과연 희망을 품을 수 있었을까요? 모든 것을 포기하고, 다 잊고 싶지는 않았을까요? 바울은 자신이 목숨을 걸고 개척했던 교회를 포기하지 않았습니다. 자신이 하나님의 대사임을 한순간도 잊지 않았습니다.

사도 바울은 예수님이 가르치고 보여 주신 대로 살았습니다. 그는 빌립보교회에 보내는 편지에서 이렇게 고백합니다.

"그러나 무엇이든지 내게 유익하던 것을 내가 그리스도를 위하여 다 해로 여길뿐더러 또한 모든 것을 해로 여김은 내 주 그리스도 예수를 아는 지식이 가장 고상하기 때문이라 내가 그를 위하여 모든 것을 잃어버리고 배설물로 여김은 그리스도를 얻고"(빌 3:7-8).

바울은 그리스도를 위해 모든 것을 잃어버리고 배설물로 여길 것을 결단합니다. 바울은 똑똑한 사람입니다. 그리스도 예수를 아는 지식이 가장 고상하고, 모든 것을 잃고라도 그리스도를 얻는 것이 가장 복되다는 것을 확실히 알기 때문입니다. 다른 이유가 없고, 그보다 중요한 것이 없습니다.

하나님은 예수님의 복음을 듣고 그리스도를 믿는 사람은 누구든지 그 삶을 변화시켜 주시는 분입니다. 우리는 다만 복음을 아직 모르고 주님을 믿지 않는 자들에게 기쁜 소식을 전하는 하나님의 대사로서 맡은 일에 충성하면 됩니다. 바울처럼 우리도 그리스도를 대신해서 하나님의 대사가 되었음을 잊어선 안 될 것입니다. 하나님은 우리에게 복음을 전하는 사명을 주셨습니다.

하나님과 화목하게 된 우리는 아직도 하나님과 반목하고 있는 세상 사람들에게 하나님의 화목 메시지를 전해야 합니다. 세상과 하나님을 화목하게 하는 것이 예수님의 삶이었습니다. 우리도 예수님처럼 살아야 합니다. 그러나 과연 우리가 하나님의 대사라는 역할을 잘 감당해 낼 수 있을지 두렵고 떨리는 마음을 가질 수밖에 없습니다. 우리 힘과 지혜로는 그 역할을 감당할 수 없기 때문입니다. 그래서 하나님은 우리에게 성령을 보내 주셨습니다.

한 영혼에게 다가가 복음을 전할 때 비로소 우리는 새로운 피조물로 거듭난 자신을 확인할 수 있습니다. 또한 그로 말미암아 내 남편, 내 아내, 내 자녀, 내 친척, 내 친구, 내 이웃을 죄의 저주에서 끄집어내어 영생의 길로 인도하게 됩니다.

역대 최장수 주중대사와 통일부 장관을 지낸 김하중 장로는 매일 300명을 위해 중보기도하는 것으로 유명합니다. 그가 어느 유명 교회의 부흥 집회에서 이렇게 설교했습니다.

"하나님을 믿는 우리는 모두 하나님의 대사입니다. 하나님은 우리를 우리의 일터와 삶의 자리에 하나님의 대사로 파송하셨습니다. 회사원들은 회사에, 가정주부들은 가정에, 교사들은 학교에, 공무원들은 자신의 부서에 하나님의 대사로 파견됐습니다.

에스더는 자신이 페르시아의 왕비가 된 이유가 하나님의 백성을 구출하기 위해서라는 것을 모르드개를 통해 깨달았습니다. 느헤미야도 페르시아 아닥사스다 왕의 총애를 받는 신하의 위치를 예루살렘으로 귀환한 이스라엘 백성을 섬기는 기회로 선용했습니다.

이처럼 하나님의 대사는 각자의 일터에서 하나님 나라를 받들고 그 백성을 섬기기 위해 진력해야 합니다. 우리가 이 본분을 능력 있게 수행하기 위해서는 기도가 필요합니다."

우리는 예수 그리스도 안에서 새로운 피조물로 거듭나게 되었고, 예수 그리스도를 통해 하나님과 화목하게 되었습니다. 하나님은 우리를 예수 그리스도를 대신하는 하나님의 대사로 부르십니다. 우리는 한 영혼을 위해서 아파해야 합니다. 그리스도의 아픔으로 예수님을 알지 못하는 영혼들을 향해 나아가야 합니다. 그래야 참성도라고 할 수 있습니다.

이 시대는 하나님의 대사로서 그리스도의 복음을 전하는 참성도를 필요로 합니다. 하나님의 심판대에 서는 그날까지 삶의 현장에서 복음을 전하는 참성도로 성장해 가기를 소망하십시오.

3부

은혜를
누리다

Only Grace

일어서다

||||||||

갈급함은 삶을 일으키는 원동력이 된다

왕상 19:1-8

표준국어대사전 **일어서다**

"기운이 생겨 번창하여지다."

살아계신 하나님을 선포하라

구약을 대표하는 선지자 엘리야는 모세나 다윗과 달리 기록된 정보가 별로 없습니다. 어떤 가정에서 어떻게 자랐는지, 어떻게 하나님을 만났는지 알 수가 없습니다. 아합 왕 시대에 어느 날 갑자기 "길르앗에 우거하는 자 중에 디셉 사람 엘리야"(왕상 17:1)가 세상에 모습을 드러냈습니다. 아합은 북 이스라엘 왕조 중에서 가장 악명이 높았던 왕입니다. 이방인 아내 이세벨과 함께 바알을 섬기며 하나님 앞에 악행을 저질렀기 때문입니다.

엘리야가 홀연히 나타나 모골이 송연해질 예언을 아합에게 던지고 사라졌습니다.

"내가 섬기는 이스라엘의 하나님 여호와께서 살아 계심을 두고 맹세하노니 내 말이 없으면 수 년 동안 비도 이슬도 있지 아니하리라"(왕상 17:1).

그의 예언으로 아합 왕은 더블 펀치를 맞은 셈입니다. '여호와, 이스라엘의 하나님의 살아 계심'의 선포와 엘리야의 말이 없으면 '수년 동안 비도 이슬도' 내리지 않으리라는 끔찍한 예언이 연달아 아합에게 펀치를 날립니다.

하나님을 믿는 우리에게는 '하나님의 살아 계심'이 너무나도 당연한 사실이지만, 우상을 숭배하던 아합 왕은 도무지 알 길이 없는 개념이었습니다. 아합은 하나님이 선택하신 이스라엘 민족의 왕이면서도 여호와 하나님을 알지 못했고, 그분의 살아 계심도 믿지 않았습니다. 그는 바알과 아세라를 숭배하며 이방 종교를 국교로 정할 만큼 영적으로 타락한 인물이었습니다.

엘리야란 '나의 하나님은 여호와이시다'라는 뜻입니다. 엘리야가 한낱 우상에 불과한 바알을 좇는 아합 왕을 꾸짖으며 하나님의 살아 계심을 두고 맹세해서 이르기를, 자기 말이 없으면 극심한 가뭄이 계속되리라고 예고한 것입니다. 이만큼 강력한 펀치가 또 있을까요?

넘어져도 괜찮다는 위로, 엘리야

엘리야가 구약에만 등장하는 것은 아닙니다. 예수님이 베드로, 야고보, 요한을 데리고 높은 산에 오르셨을 때, 그들 앞에서 변형되어 그 얼굴이 해같이 빛나고, 옷이 빛과 같이 희어진 일이 있었습니다(마 17:1-2 참조). 바로 변화 산 사건입니다. 그 자리에 엘리야와 모세가 예수님과 함께 서 있었습니다. 그뿐 아닙니다. 엘리야는 에녹과 더불어 죽음을 거치지 않고 바로 승천함으로써 예수 그리스도의 승천을 예표한 인물입니다. 참으로 하나님에게 긴히 쓰임 받은 특별한 사람이라고 할 수 있습니다. 그는 바알 숭배로 혼탁해진 세상에 한 줄기 빛처럼 활약했던 하나님의 종이었으며, 많은 선지자들의 롤모델이기도 했습니다.

제아무리 능력 있는 사람이라도 두려움이나 좌절감에 빠질 수 있습니다. 사람이니까 감정의 기복을 겪는 것입니다. 누구나 넘어질 수 있고, 누구나 두려움에 사로잡힐 수 있습니다. 누군들 포기하거나 사표를 쓰고 싶을 때가 없겠습니까? 영적인 승리는 좌절 후에 옵니다. 누구나 넘어질 수 있지만, 다시 일어나는 것은 아무나 할 수 있는 게 아닙니다. 우리에게 필요한 것은 다시 일어서는 힘입니다. 우리는 어떻게 해야 다시 일어설 수 있을까요?

엘리야의 등장은 강렬했습니다. 그는 이스라엘에 극심한 가뭄이 닥칠 것을 예언한 데서 그치지 않고, 자신이 입을 열기 전까지는 가뭄이 끝나지 않을 것이라고 으름장을 놓았습니다. 가뭄을 통해 이스라엘을 다스리는 이는 바알이 아닌 여호와이심을 보여 주고자 했던 것입니다.

가뭄이 계속되는 동안 그도 백성들과 함께 굶주리며 고생했습니다. 요단 앞 그릿 시냇가에 숨어 까마귀들이 물어다 주는 떡과 고기를 먹으며 시냇물을 마셔야 했습니다. 까마귀가 물어다 주는 것이 얼마나 되었겠습니까? 말 그대로 새 모이만큼 먹었을 것입니다. 그나마 갈증을 채워 주던 시내마저 말라 버리자 하나님은 그를 사르밧 과부에게 보내 허기를 채우게 하셨습니다.

그는 자신의 기도에 응답해 주시는 하나님을 경험함으로써 더욱 깊은 믿음으로 나아갔습니다. 사르밧 과부의 아들이 병들어 죽자 여호와에게 부르짖어 기도해 죽은 자를 살리시는 하나님을 체험한 것입니다.

엘리야가 아합 왕 앞에 직접 나서기까지 무려 3년이 걸렸습니다. 그는 아합에게 갈멜 산에서 바알 선지자 450명과 대결을 벌이겠노라고 도전합니다. 그리고 예상대로 대승을 거둡니다. 또 바알 선지자 450명을 기손 시냇가에서 죽였습니다. 그가 엎드려 기도하자 마침내 3년 반의 가뭄이 그치고 비가 내리기 시작했습니다. 엘리야는, 바알은 우상에 불과하며 여호와 하나님이야말로 유일하신 참하나님임을 증명해 냈습니다. 하나님이 승리하신 것입니다.

여호와의 능력을 입은 엘리야가 꽁무니를 빼듯 이스르엘로 달려가는 아합을 앞질러 달려갑니다. 얼마나 대단합니까? 사역자라면 누구나 엘리야와 같은 하나님의 사람이 되고 싶다는 생각을 한 번쯤은 해 봤을 것입니다. 그러나 빛이 강렬하면 그 그림자도 짙은 법입니다. 만약 엘리야가 이세벨을 죽이고 아합 왕을 징계해서라도 정신을 차리게 해 이스라엘을 제대로 통치하도록 했다면 완벽한 성공담이 됐을 것이고, 그는 그야말로 슈퍼 히어로가 됐을 것입니다. 하지만 현실은 정반대였습니다. 오히려 이세벨이 엘리야의 생명을 위협한 것입니다. 보통 사람 같았으면 자기 잘못을 인정하고 두 손 들고 회개했을 텐데, 이세벨은 더욱 완악해져서 거짓 신들에 맹세하면서까지 엘리야를 죽이겠노라고 선포했습니다.

하나님이 모세에게는 바로의 마음이 쉽게 움직이지 않을 것이라고 미리 말씀해 주셔서 바로가 아무리 어깃장을 놓아도 모세가 놀라진 않았지만, 엘리야에게는 아무런 말씀도 주지 않으셨습니다. 그래서인지 이세벨에게서 예기치 못한 살해 위협을 받은 엘리야는 두려움에 사로잡히고 말았습니다. 불과 얼마 전에 바알 선지자 450명을 한칼에 베어 죽였던 그가 한낱 이방 여인의 협박에 넘어간 것입니다. 엘리야는 갈멜 산에서 엄청난 성공을 거두었음에도 불구하고 순식간에 비참한 도피자 신세가 되었습니다.

엘리야는 기도로 하나님의 음성을 들을 틈도 없이 단숨에 이스라엘 남단에 있는 브엘세바로 도망합니다. 그러고도 안심이 안 되었는지, 사환을 그곳에 남겨 두고 자기는 광야로 들어가 하룻길을 더 걸어가서 어느 로뎀 나무 아래에 털썩 주저앉았습니다. 이제 더는 걸을 수 없는 지경이 되었는지도 모릅니다. 몸과 마음이 지친 엘리야가 비로소 하나님을 찾습니다. 그러나 신세 한탄뿐입니다.

"여호와여 넉넉하오니 지금 내 생명을 거두시옵소서 나는 내 조상들보다 낫지 못하니이다"(왕상 19:4).

잠이 모자란 탓에 횡설수설한 것일까요? 할 만큼 했지만 조상들보다 못났으니 차라리 죽여 달라고 합니다. 대선지자 엘리야가 하나님 앞에 사표를 던진 것입니다. 엘리야의 몸뿐 아니라 영혼까지도 광야에 들어 갔습니다. 흔한 말로 시험에 든 것입니다. 참으로 불쌍한 영혼입니다.

그러나 누구든 시험에 들 수 있습니다. 심지어 말씀을 전하는 저조차 도 시험에 들 때가 있습니다. 개신대학원대학교 총장으로서 학교 발전 을 위해 이런저런 계획을 세우고 행사를 치르다 보면 '이제 어디를 내놔 도 하나님의 대학으로 손색이 없겠다' 싶을 정도로 만족감을 느낄 때가 있습니다. 하지만 그런 때에 오히려 깊은 허무감에 빠지곤 합니다. 한동 안 몸과 마음이 시름시름 앓기도 합니다. 게다가 내 힘으로는 어찌할 수 없는 일까지 벌어지면 시험에 들 수밖에 없습니다.

하지만 오르락내리락하다가 깊은 절망감에 빠지고 말지라도 그 끝은 언제나 소망입니다. 넘어져도 다시 일어설 수 있음을 의심하지 않습니 다. 하나님이 주신 믿음이 나를 다시 들어 올릴 것을 알기 때문입니다. 대체 하나님이 어떤 믿음을 주시기에 우리가 다시 일어설 수 있습니까?

우리의 영·혼·육 모두를 돌보시는 하나님

엘리야는 광야 한가운데 로뎀 나무 아래에서 곯아떨어졌습니다. 급 히 도망했으니 옷가지나 먹을 것을 챙겼을 리가 없습니다. 게다가 사환 과도 헤어졌으니 탈진해 쓰러져도 그를 돌봐줄 사람이 없습니다. 그러 나 그는 혼자가 아니었습니다. 쓰러져 자고 있는 그를 누군가가 어루만 지며 깨웁니다.

"일어나서 먹으라"(왕상 19:5).

하나님이 천사를 보내신 것입니다. 어떤 이들은 그냥 천사가 아니라 예수님이었다고 말하기도 합니다. 중요한 것은 하나님이 그를 지켜보고 계셨다는 것입니다. 엘리야는 죽음을 생각할 정도로 자포자기한 상태였습니다. 그러나 하나님은 그를 포기하지 않고 천사를 보내 돕게 하셨습니다.

여기서 우리가 다시 일어설 수 있는 첫 번째 이유를 발견합니다. 하나님은 어떤 상황에서도 우리를 포기하지 않으신다는 것입니다. 예를 들어, 혼자 길을 걷는데 갑자기 발밑의 땅이 꺼지면서 싱크홀(sinkhole)이 생겼다고 상상해 보십시오. 다행히도 구멍 속으로 빠져들진 않았지만, 구멍 가장자리에 겨우 매달려 있습니다. 온 힘을 다해 올라가려고 애쓰지만 시간이 갈수록 몸에 힘이 빠지고 지쳐 갑니다. 결국 끝이라고 생각하며 두 눈을 감은 채 손끝의 힘을 풀어 버립니다. 바로 그 순간에 누군가가 재빨리 내 손목을 붙잡습니다. 나는 손가락 하나 움직일 힘이 없는데 그가 나를 붙들고 있습니다. 그러더니 번쩍 들어 올려 안전한 땅 위에 나를 살며시 눕혀 줍니다. 이제 살았습니다!

로뎀 나무 아래 잠든 엘리야를 천사가 어루만져 주었습니다. 그가 다시 일어나 "하나님의 산 호렙"(왕상 19:8)에 이를 때까지 사십 일간 매일같이 잠든 엘리야를 깨울 때마다 어루만져 주었습니다.

고단한 삶을 견디다 못해 포기하고 싶을 때가 있습니까? 하나님이 붙잡고 계십니다. 심지어 하나님의 손을 놓을지라도 하나님은 우리를 포기하지 않으십니다. 이것을 믿는 사람은 거꾸러져도 다시 일어날 힘이 생깁니다. 하나님이 함께하시면 "사방으로 우겨쌈을 당하여도 싸이지 아니하며 답답한 일을 당하여도 낙심하지 아니하며 박해를 받아도 버린 바 되지 아니하며 거꾸러뜨림을 당하여도 망하지"(고후 4:8-9) 않을 것을 알기 때문입니다.

우리가 지쳐 쓰러져 있을지라도 천사의 손길이 우리를 어루만져 주리라는 것을 잊지 마십시오. 어루만지며 '네가 네 자신을 포기할지라도, 나는 너를 포기하지 않는다'라고 말씀하실 것입니다.

필요를 공급하시는 하나님

엘리야가 잠에서 깨어 보니 머리맡에 "숯불에 구운 떡과 한 병 물"(왕상 19:6)이 놓여 있었습니다. 비몽사몽간에 허겁지겁 먹고 마신 후에 다시 잠들었습니다. 하나님은 심신이 지친 엘리야에게 '지금이 잠이나 잘 때냐? 깨어 기도해야 하지 않느냐? 네 육신을 쳐서라도 깨어 있어야 하지 않겠느냐?' 하고 힐난하지 않으셨습니다. 오히려 천사를 보내시어 그를 어루만지며 그에게 필요한 것을 공급해 주셨습니다. 마치 광야에서 40일간 금식하신 예수님이 마귀의 시험을 받고 나자 천사들을 보내 시중들게 하셨듯이 말입니다. 이것이 바로 믿는 자가 넘어져도 다시 일어설 수 있는 두 번째 이유입니다. 하나님은 영육 간의 필요를 공급해 주시는 분이라는 사실 말입니다.

초대 교회는 여러 이단의 공격을 받았습니다. 그중에서도 영지주의 (Gnosticism)가 대표적이었습니다. 영지주의는 유대교 전통보다는 그리스 사상으로 복음을 이해하려 했는데, 그들은 영과 정신은 선하고, 육과 물질은 악하다는 극단적인 이원론을 주장했습니다. 그리스도의 인성을 인정하지 않을 만큼 신성만을 강조했습니다. 선한 그리스도의 영이 악한 인간의 육신을 입었다는 사실을 받아들일 수가 없었던 것입니다. 그래서 예수님이 실제로는 육신으로 이 땅에 오신 것이 아니라고 주장했습니다.

오늘날에도 영지주의적 사고에 빠질 위험성이 있습니다. 영을 강조하다 보니 육신은 무시해도 되는 것으로 생각할 때가 많습니다. '오직 믿음'을 외치며, 몸이야 망가지든 말든 무리하게 금식을 강행하거나 아무런 안전장치도 없이 위험한 상황에 몸을 던지는 것은 무모하고 경솔한 짓입니다. 무조건 금식을 하지 말라는 것이 아닙니다. 하나님의 일을 할 때는 분별력이 필요하다는 뜻입니다. 분별력 없는 믿음의 행위는 오히려 사람을 해하는 무기가 될 수 있습니다.

사도 바울은 복음을 위해 "내가 내 몸을 쳐 복종하게"(고전 9:27) 한다고 했습니다. 그러나 이것을 극단적으로 해석할 필요는 없습니다. 바울은 육신의 필요를 무조건 무시하라고 주장한 것이 아니라 절제하는 삶의 태도를 훈련해야 한다고 말한 것입니다.

전도할 때도 마찬가지입니다. 상대방의 필요는 일체 무시하고 복음만 전해 보십시오. 마음 문을 열기가 쉽지 않을 것입니다. 전도가 이루어질 리 없습니다. 사람은 영의 갈급함뿐 아니라 육신의 주림도 느끼는 살아 있는 피조물이기 때문입니다.

창조주 하나님은 우리 영혼과 육신이 모두 건강하기를 원하십니다. 그래서 요한은 "네 영혼이 잘됨같이 네가 범사에 잘되고 강건하기를"(요삼 1:2) 하나님에게 간구한다고 했습니다. 범사에 잘되고 강건하기를 원한다면 올바른 분별력과 믿음의 균형 감각을 구하십시오.

말씀에 순종함으로 일어서라

엘리야는 철저한 순종의 사람이었습니다. 하나님의 말씀이 임하면 초지일관 그대로 순종하는 모습을 볼 수 있습니다(왕상 17:2-5, 8-10, 18:1-2 참조). 그는 '주님이 말씀하시면, 주의 종이 듣겠나이다' 하는 자세가 몸에 배어 있었습니다.

비록 이세벨에게 쫓기면서 우울증에 빠진 엘리야가 차라리 죽여 달라며 하소연하긴 했지만, 그는 천사의 말에 고분고분 순종했습니다. 천사가 어루만져 깨우면 순종해서 일어나고, 음식을 먹으라고 하면 순종해서 먹고, 그러고 나서 다시 쓰러져 잠들기를 몇 날이나 했습니다. 천사의 돌봄으로 에너지를 충전한 엘리야가 겨우 정신을 차립니다. 그러자 천사가 그에게 먼 길을 떠나라고 합니다. 엘리야는 순종해서 40일 밤낮을 걸어 호렙 산에 도착합니다.

그 당시의 여행은 오늘날과 개념이 다릅니다. 교통수단이나 편의시설이 잘 갖추어져 있지 않았습니다. 게다가 엘리야는 내내 혼자였습니다. 오롯이 걸어서만 이동해야 했습니다. 그런 악조건에서 걸으라고 하면, 저 같은 사람은 사흘을 버티지 못한 채 몸져눕고 말 것입니다. 그러나 엘리야는 하나님의 산에 이르러 여호와의 말씀을 들을 때까지 걸음을 멈추지 않았습니다. 순종했기에 가능한 일이었습니다. 이것이 바로 믿는 자가 넘어져도 다시 일어설 수 있는 세 번째 이유입니다. 바로 하나님 말씀에 순종하는 자세입니다.

하나님의 말씀에 순종하는 자가 다시 일어설 수 있습니다. 정말 열심히 사명을 감당하다가도 육신이 지치거나 시험에 들면 지레 자포자기하고 마는 사람들이 있습니다. 직장인들은 양복 안주머니에 사표를 넣어 가지고 다닌다고 하는데, 사역자라고 왜 그러고 싶을 때가 없겠습니까? 엘리야처럼 폐인이 될 지경이 되면 누구든 모든 것을 내려놓고 싶어질 것입니다.

그러나 하나님은 포기를 모르시는 분이요, 영육 간의 필요를 채워 주시는 분입니다. 다만 하나님의 어루만지심을 무시하거나 '일어나 먹어라'와 같은 사소한 명령에 불순종한다면 다시 일어설 기회를 얻지 못할 것입니다. 순종하는 믿음을 가지십시오. 내 생각, 내 경험, 내 권리, 내 계획에 앞서 하나님 말씀에 순종하는 자가 하나님의 사람입니다. 순종이야말로 다시 일어서기의 시작입니다.

일어서는 자에게 허락되는 새로운 사명

호렙 산은 하나님이 불타는 떨기나무 가운데 모세에게 나타나신 언약의 산, 여호와의 임재가 있는 산입니다. 40일 만에 호렙 산에 도착한 엘리야에게 하나님이 새로운 사명을 주십니다.

"너는 네 길을 돌이켜 광야를 통하여 다메섹에 가서 이르거든 하사엘에게 기름을 부어 아람의 왕이 되게 하고 너는 또 님시의 아들 예후에게 기름을 부어 이스라엘의 왕이 되게 하고 또 아벨므홀라 사밧의 아들 엘리사에게 기름을 부어 너를 대신하여 선지자가 되게 하라 하사엘의 칼을 피하는 자를 예후가 죽일 것이요 예후의 칼을 피하는 자를 엘리사가 죽이리라 그러나 내가 이스라엘 가운데에 칠천 명을 남기리니 다 바알에게 무릎을 꿇지 아니하고 다 바알에게 입 맞추지 아니한 자니라"(왕상 19:15-18).

엘리야가 괴로워했던 문제들을 단번에 해결할 길을 열어 주셨습니다. '님시의 아들 예후'가 아합과 이세벨을 처단할 것입니다. 그리고 바알을 섬겼던 우상 숭배자들을 도륙해서 복수할 것입니다. 엘리야는 모든 이스라엘 자손이 주의 언약을 버려서 자신만 홀로 남았다고 했으나 하나님은 칠천 명이나 남겨 두셨다고 말씀하십니다.

그뿐만 아니라 사밧의 아들 엘리사에게 기름을 부어 그의 뒤를 이를 선지자로 삼으라고 말씀하십니다. 하나님의 뜻을 함께 이루어 나갈 동역자를 주시고, 새로운 시대를 위해 미래의 지도자들을 준비하게 하신 것입니다. 열왕기상 19장부터는 엘리야가 제자들과 함께 사역합니다. 엘리야가 하늘의 부르심을 받고 승천할 때의 모습을 보십시오. 길갈에서 베델로, 베델에서 여리고로 옮겨 가는데, 지역마다 그의 제자들이 머

물고 있었습니다. 동역자인 제자들에게 작별 인사를 한 셈입니다.

한때 자기 목숨마저도 포기하려고 했던 엘리야를 통해 하나님은 많은 선지자들을 양육하셨습니다. 이것이 바로 오늘날의 신학교가 아니겠습니까? 엘리야 시대는 이스라엘의 영적 암흑기였습니다. 그러나 엘리야와 엘리사를 통해 많은 선지자들이 양성되었고, 그로써 이스라엘에 새로운 바람이 불었던 것이 사실입니다. 엘리야는 후학을 양성하는 일에 남은 생을 바쳤습니다.

하나님이 그를 포기하지 않으셨기 때문에 가능한 일이었습니다. 하나님이 그의 지친 몸과 마음의 필요를 채워 주셨기에 가능한 일이었습니다. 그가 하나님의 말씀에 순종했기에 가능한 일이었습니다.

사명을 열심히 감당해 나가는 자에게는 더욱더 귀한 사명이 주어집니다. 하나님이 부르시는 그날까지, 하나님의 자녀에게는 이 땅에서 해야 할 일이 늘 준비되어 있습니다. 살다가 시험에 들어 사명자로서 사표를 내고 싶을 때도 있을 것입니다. 넘어진 김에 엎드러진 채로 차라리 죽는 게 낫겠다고 여길 수도 있을 것입니다. 그러나 기억하십시오. 하나님은 당신을 포기하지 않으십니다. 새 힘을 공급해 주실 것입니다. 순종하며 한 걸음씩 나아갈 때, 선하고 복된 길을 열어 주실 것입니다.

지금 넘어져서 무릎이 까지고 마음이 너덜너덜해졌습니까? 괜찮습니다. 하나님이 몸과 마음에 새 살이 돋게 해 주실 것입니다. 하나님을 신뢰하고 순종한다면 말입니다.

09

찾다

||||||||

예수를 찾는 이에게 구원이 찾아온다

눅 19:1-9

표준국어대사전 **찾다**

"어떤 사람이나 기관 따위에 도움을 요청하다."

하나님에게 구원불능인 영혼은 없다

삭개오는 누가복음에만 등장함에도 불구하고 신약에서 널리 알려진 인물 중 한 명입니다. 그는 '키 작은 삭개오'로 유명합니다. 일부 신학자는 그가 난쟁이였다고도 하지만, 성경에는 키가 작다고만 쓰였습니다. 어쨌든 유별나게 키가 작았던 모양입니다.

당시 사회는 신체 조건이 남들과 다르면 부모의 죄 때문에 저주를 받은 것이 아니냐고 물을 만큼 경직된 분위기였습니다. 어쩌면 삭개오의 작은 키 또한 '누군가의 죄 탓'으로 봤을지도 모릅니다. 평생 사람들의 수군거림과 비아냥거림을 들으며 자랐을 것입니다.

그는 돈과 권력을 위해서라면 무슨 일이든 했습니다. 그래서인지 세금을 걷는 세리가 되었습니다. 어차피 사람들은 그를 용납하거나 사랑해 주지 않았기에, 이스라엘 편에 서기보다는 로마 제국 편에 서서 자기 동포를 조롱하고 무시했습니다. 제국을 대신해서 악착같이 착취했습니다. 같은 민족이라고 봐주는 법이 없었습니다.

그 덕분에 제국의 인정을 받아 세리장까지 되었습니다. 자신의 바람대로 부자가 되었습니다. 그러나 시간이 갈수록 자신의 내면에 돈으로 채워지지 않는 부분이 있음을 알게 되었습니다. 삶의 의미가 없었습니다. 인생에서 그다음 나아가야 할 길을 찾지 못했습니다.

예수님을 만나면 삶의 방향이 바뀐다

당시 로마 제국의 속국이었던 이스라엘은 가버나움, 여리고, 예루살렘 세 곳에서 세금을 거두었습니다. 삭개오가 살던 여리고는 예루살렘으로 향하는 길에 있는 잘사는 동네였습니다. 세리는 이스라엘 백성에게 멸시받고 천대받는 직업이었습니다. 로마 제국을 대신해서 세금을 거두면서 부정을 저지르고 불법을 일삼아 폭리를 취했기 때문입니다. 세리장인 삭개오는 거느리는 세리들이 거둔 세금에서 얼마를 떼어 로마에 바치고, 나머지는 착복했습니다. 그야말로 악질 중의 최악질이었던 것입니다. 그 덕분에 부자가 되기는 했지만, 돈 외에는 가진 것이 아무것도 없었습니다. 동포의 피 같은 돈으로 자기 주머니를 채웠으니 얼마나 미움을 받았겠습니까?

어느 봄날 아침, 삭개오는 여느 때처럼 어디서 돈을 끌어 모을까 궁리하면서 하루를 시작했습니다. 길을 걸을 때 누가 등 뒤에서 욕을 하는지 뒤통수가 가려워 긁적였습니다. 사람들의 수군거리는 소리 가운데 맹인 바디매오의 눈을 고쳐 주었다던 예수님이 여리고를 지나가실 것이라는 소식을 들었습니다. 돈 걷는 일도 좋지만 그만한 구경거리가 없겠다 싶어서 예수님을 봐야겠다고 생각했습니다.

문제는 이미 많은 사람이 예수님을 에워싸고 있었다는 것입니다. 아무리 까치발을 해도 사람들의 어깨 너머를 볼 수가 없었습니다. 그는 체면을 무릅쓰고 냅다 뛰었습니다. 어른이 길거리에서 뛰는 것을 품위 없다고 여기던 때였는데 말입니다. 심지어 예수님이 지나가실 만한 자리를 찾아 그곳에 서 있는 돌무화과나무를 타고 올라가 예수님이 지나가시기를 기다리기까지 했습니다.

그런데 이게 웬일입니까? 예수님이 그 나무 아래에 멈추어 서시더니 고개를 들어 삭개오를 쳐다보시는 것이 아니겠습니까? 그리고 평생 잊지 못할 말씀을 하십니다.

"삭개오야 속히 내려오라 내가 오늘 네 집에 유하여야 하겠다"(눅 19:5).

예수님이 그의 이름을 어떻게 아셨는지는 알 수 없습니다. 제자들 중에 세리 출신의 마태가 소개해 드렸는지, 아니면 성령이 말씀해 주셨는지 성경은 아무 말도 하지 않습니다. 분명한 것은, 주님이 먼저 삭개오의 이름을 불러 주셨다는 것입니다. 눈먼 바디매오는 예수님에게 먼저 부르짖고 간청해서 구원을 얻었습니다. 그런데 이번에는 주님이 먼저 삭개오를 불러 주셨습니다. 이것은 주님의 섭리 가운데 베풀어진 은혜입니다.

삭개오는 뛸 듯이 기쁜 마음에 얼른 나무에서 내려와 예수님을 집으로 모셨습니다. 늘 그랬던 것처럼 사람들이 뒤에서 수군거렸습니다. 그들은 예수님이 죄인 삭개오의 집에 머물겠다고 하신 것에 놀라며 불쾌하게 여겼습니다.

그러나 그들은 과연 의인입니까? 그들 또한 삭개오와 다를 바 없는 죄인입니다. 그들은 죄인을 구원하러 오신 하나님의 아들이라는 예수님의 정체를 알지 못한 채 죄인의 집에 들어가신 예수님도 죄인이나 마찬가지라며 비난했습니다.

삭개오는 사람들 앞에서 자기 죄를 고백하며 회개했습니다.

"주여 보시옵소서 내 소유의 절반을 가난한 자들에게 주겠사오며 만일 누구의 것을 속여 빼앗은 일이 있으면 네 갑절이나 갚겠나이다"(눅 19:8).

말로만이 아니라 행동으로도 회개하겠다고 했습니다.

레위기에 기록된 모세의 율법에 따르면 "그 훔친 것이나 착취한 것이나 맡은 것이나 잃은 물건을 주운 것이나 그 거짓 맹세한 모든 물건을 돌려보내되 곧 그 본래 물건에 5분의 1을 더하여 돌려보낼 것이니 그 죄가 드러나는 날에 그 임자에게 줄 것"(레 6:4-5)이라고 했습니다. 즉, 불법을 행함으로써 손해를 끼쳤을 때는 5분의 1을 더해서 돌려주어야 한다는 것입니다. 도둑질한 소나 양을 잡거나 팔아서 그대로 돌려줄 수 없을 경우에는 네 배로 갚아야 하며, 그대로 가지고 있을 경우에는 두 배로 갚아야 했습니다(출 22:1-4 참조). 그러므로 율법에 따르면, 삭개오는 자신이 착취한 것에 오분의 일을 더해서 되돌려 주면 되었습니다. 그런데 그는 자진해서 네 배를 갚겠다고 약속합니다. 아울러 재산의 반을 가난한 자들에게 주겠다고 합니다.

삭개오가 예수님을 만나더니 180도 달라졌습니다. 남의 것을 착취하던 사람이 가진 것의 반을 기부하고, 나머지 반으로 죗값을 치르겠다는 것입니다. 그러고 나면 돈만 보고 살아온 인생인 그에게 남는 것은 무엇일까요? 그러나 그는 자신의 죄를 회개하고 예수님의 기쁨이 되는 것보다 더 소중한 것은 없다는 것을 깨달았고, 그것을 모든 사람 앞에서 보여 주었습니다.

예수님을 만난 사람은 대부분 삭개오와 같은 변화를 보입니다. 죄를 숨기려고 하지 않습니다. 예수님 앞에선 아무것도 숨길 수 없다는 것을 알기 때문입니다. 변명도 하지 않습니다. 예수님 앞에선 아무런 변명도 통하지 않는다는 것을 알기 때문입니다. 전심으로 회개한 사람은 예수님이 더 이상 정죄하지 않으신다는 것을 알기에 사람들의 손가락질이나 헐뜯는 말에 흔들리지 않습니다.

삭개오를 보면 맥스 루케이도(Max Lucado)의 《너는 특별하단다》(고슴도치 역간)라는 책이 머릿속에 떠오릅니다. 웸믹이라는 작은 나무 사람들의 마을이 있습니다. 모두 언덕 위에 사는 목수 엘리 아저씨가 만들었습니다. 그들은 제각기 다르게 생겼습니다. 어떤 웸믹은 코가 크고, 어떤 웸믹은 눈이 큽니다. 키가 크기도 하고, 작기도 합니다.

웸믹들은 서로에게 별표나 점표를 붙여 주었습니다. 나뭇결이 매끄럽고 색이 잘 칠해진 웸믹은 금색 별표를 받고, 칠이 벗겨지거나 나뭇결이 거친 웸믹은 회색 점표를 받았습니다. 펀치넬로는 점표를 많이 받은 웸믹 중 하나였습니다. 펀치넬로는 움직일 때마다 실수투성이입니다. 넘어지고 자빠집니다. 게다가 아는 것도 없어서 인기가 없습니다. 웸믹들은 마치 자신들은 완벽하다는 듯이 점표가 많으면 많다고 점표를 주고, 넘어져서 상처가 나면 위로하는 대신 실수한 것에 대해 점표를 붙여 주었습니다. 펀치넬로는 늘 좋지 않은 평가를 들으며 살았습니다.

그러던 어느 날 펀치넬로는 루시아라는 여자아이를 만났습니다. 그 아이의 몸에는 아무것도 붙어 있지 않았습니다. 점표도 별표도 없었습니다. 펀치넬로는 그런 루시아가 부러웠습니다. 루시아는 펀치넬로에게 비결을 가르쳐 주었습니다. "나는 날마다 언덕 위에 사는 엘리 아저씨를 만나러 가."

펀치넬로는 어렵게 용기를 내어 언덕 위로 올라갔습니다. 어떤 거인이 무엇인가를 만들고 있었습니다. 그가 바로 엘리 아저씨입니다. 엘리가 펀치넬로의 이름을 불렀습니다. 깜짝 놀란 펀치넬로가 "어떻게 나를 아세요?" 하고 묻자 엘리가 대답했습니다.

"너는 아주 특별한 아이란다. 왜냐하면, 내가 너를 만들었기 때문이지. 너는 내게 무척 소중한 아이야. 다른 웸믹들과 비교할 것 없어. 너는 내게 특별하니까."

엘리의 말에 펀치넬로의 마음이 움직이기 시작했습니다. 어두웠던 얼굴이 환해졌습니다.

"기억하렴. 내가 너를 만들었고, 넌 아주 특별하단다. 나는 결코 실수하는 법이 없어."

펀치넬로가 엘리의 말을 믿기 시작하자 바로 그 순간에 점표 하나가 땅에 떨어졌습니다.

삭개오는 바로 펀치넬로와 같은 사람이었습니다. 사람들에게 별표 하나 없이 점표만 받으며 살아왔습니다. 그런데 예수님을 만나자 낙인 같던 회색 점표가 떨어져 나가기 시작했습니다. 이제부터 날마다 주님을 만날 것입니다. 그로써 흠 없는 하나님의 자녀로 거듭날 것입니다.

회개한 삭개오가 반듯한 부자 청년보다 복되다

예수님은 삭개오를 만나기 전에 한 젊은 부자 관리를 만나셨습니다 (눅 18:18-23 참조). 마태와 마가도 이 이야기를 기록했지만, 아쉽게도 부자 청년의 이름은 기억되지 않습니다(마 19:16-22; 막 10:17-22 참조). 그는 젊어서 출세한 부유한 사람이었습니다. 모든 것을 다 가졌습니다. 믿음의 집안에서 자랐고, 모범적으로 살아온 청년입니다. 율법적으로나 도덕적으로나 흠 잡을 데가 없어 보입니다.

부모와 사람들로부터 충분한 사랑을 받은 데다 재물도 많으니 남의 것을 탐하거나 도둑질할 이유가 없었습니다. 아쉬운 것 없이 부족함을 모른 채 살아왔습니다. 이웃을 괴롭히거나 악하게 대한 적도 없습니다. 어딜 가나 사람들이 그를 높이며 존중해 주었습니다. 착하게 살려고 노력했으며, 영적인 것도 추구했습니다.

육신의 부족함이 없던 그는 영생을 얻길 원했습니다. 영생까지 얻으면 완벽한 인생이 아니겠습니까? 그래서 예수님을 찾아왔습니다.

"선한 선생님이여 내가 무엇을 하여야 영생을 얻으리이까"(눅 18:18).

예수님은 다른 제자들을 부르셨을 때처럼 곧바로 '나를 따르라'고 말씀하지 않으십니다. "네가 어찌하여 나를 선하다 일컫느냐 하나님 한 분 외에는 선한 이가 없느니라"(눅 18:19)라고 말씀하심으로써 자신이 곧 하나님임을 간접적으로 알리십니다. 그러고 나서 십계명 중에 다섯 계명을 일러 주십니다(간음하지 말라, 살인하지 말라, 도둑질하지 말라, 거짓 증언하지 말라, 네 부모를 공경하라). 바로 사람과의 관계에서 지켜야 할 계명들입니다. 부자 청년은 모든 계명을 어려서부터 다 지켜 왔노라고 자신 있게 말합니다. 이 정도면 영생을 얻기 어렵지 않겠다고 생각했을지도 모르겠습니다. 하지만 예수님의 그다음 말씀에 부자 청년은 좌절하고 맙니다.

"네게 아직도 한 가지 부족한 것이 있으니 네게 있는 것을 다 팔아 가난한 자들에게 나눠 주라 그리하면 하늘에서 네게 보화가 있으리라 그리고 와서 나를 따르라"(눅 18:22).

부자 청년은 영생에 관한 질문에 답할 수 있는 분을 제대로 찾아왔고, 정답을 얻었습니다. 그런데도 결국 큰 슬픔을 안고 돌아가고 말았습니다. 왜 그랬을까요?

우선, 그는 하나님 앞에서나 자기 자신에게도 솔직하지 못했습니다. 자기 내면의 죄성을 솔직하게 인정하지 못했기에 예수님을 선한 선생님으로 부르면서도 진정한 하나님이심을 알아채지 못했습니다.

하나님이 율법을 주신 이유는 그것을 다 지켜서 영생을 얻으라는 것이 아닙니다. 율법을 통해 자신이 죄인임을 알고, 하나님의 구원의 은혜가 필요한 존재임을 깨닫게 하기 위해서입니다. 그런데 부자 청년은 율법을 다 지키고 있다는 자신감에 젖어 있었습니다. 정말로 거룩하게 살려고 노력해 왔는지도 모릅니다. 하지만 하나님 앞에 의인은 없습니다. 그는 자신은 의롭다는 생각에 스스로 속으며 살았던 것입니다.

예수님은 그에게 "네 이웃의 집을 탐내지 말라"(출 20:17)는 열 번째 계명은 말씀하지 않으십니다. 그 대신에 탐심 있는 사람은 절대로 하지 못할 일을 요구하십니다. 전 재산을 가난한 자들에게 나눠 주라고 하신 것입니다. 그렇게 하면 하늘에 보화를 쌓게 될 것입니다. 그러고 나야 예수님을 따를 수 있습니다. 부자 청년은 바로 답하지 못합니다. 그가 원했던 답이 아니기 때문입니다. 정답을 얻었지만 기쁘지는 않습니다. 하늘 보화나 영생보다도 지금 손에 쥔 재물이 더 소중해 보였습니다.

그리스도인 대부분은 대놓고 불법을 행하며 자기 잇속을 차리던 삭개오보다는 부자 청년 쪽에 더 가까울 것입니다. 주변 사람들에게 어느 정도 존중받고 인정받는 삶을 살고 있을 것입니다. 그런데 과연 하나님 앞에서는 어떻습니까? 부자 청년은 '나는 꽤 괜찮은 사람이야' 하고 스스로 만족하며 살아왔습니다. 혹시 우리도 그렇지 않습니까? 하지만 하나님이 생각지도 못한 것을 요구해 오시면 정중히 거절하지는 않습니까?

"하나님, 다 괜찮은데 그것만은 안 됩니다. 그것만은 내려놓을 수 없습니다."

'그것'은 자녀일 수도 있고, 자존심일 수도 있습니다. 마치 하나님 앞에 모든 것을 희생하며 헌신하는 듯하지만, 차마 드리지 못하는 것이 있기 마련입니다. 결국 주님에게 모든 것을 드린다는 고백은 자신을 스스로 속이는 거짓 고백입니다.

자신의 부족함을 솔직히 인정하고 하나님 앞에 순종함으로 나아가십시오. 날마다 회개하며 무슨 말씀에든 순종하는 자세로 나아갈 때 삭개오가 맛봤던 인생 역전의 기쁨을 우리도 경험할 수 있을 것입니다.

삭개오는 예수님이 십자가에 못 박히기 위해 예루살렘에 입성하시기 전에 마지막으로 구원을 베푸신 사람입니다. 그만큼 이 사건은 삭개오뿐 아니라 예수님에게도 중요한 만남이었고, 의도하신 만남이었습니다.

사역을 하다 보면 예수님처럼 우리도 부자 청년이나 삭개오와 같은 사람을 만나게 됩니다. 사람들은 대개 부자 청년 스타일을 더 좋아합니다. 인상 좋고 예의 바른데다가 돈도 많고 권력도 있으니 누군들 좋아하지 않겠습니까? 이왕이면 우리 교회에 이런 부자 청년이 많이 오면 좋겠다고 생각합니다. 역시 천국은 이런 사람이 가야지 하고 생각합니다.

반면에 삭개오 같은 사람을 만나면 어떻습니까? 보기만 해도 골치가 아파 오지 않던가요? 선한 구석이라고는 없어 보이는데, 복음을 어떻게 전해야 할지 난감합니다. 과연 복음을 믿을지도 의심됩니다. 다들 싫어하고 불편해하는데 굳이 만나서 복음을 전해야 할까 하는 의구심이 들기도 합니다. 구제불능, 아니 구원불능이라고 단정해 버리고 싶을 수도 있습니다.

그러나 하나님에게 구원불능인 영혼은 없습니다. 예수님은 "무릇 사람이 할 수 없는 것을 하나님은 하실 수 있느니라"(눅 18:27)라고 분명하게 말씀해 주셨습니다. 전능하신 하나님이 삭개오를 구원하셨습니다.

사람들을 예수님과 만나게 하라

환갑이 될 때까지 자기 이름의 집이나 통장 하나 없이 오직 예수 그리스도, 오직 믿음, 오직 말씀을 외쳤던 분이 있습니다. 그는 달동네로 불리는 가난한 마을을 흰 고무신을 신고 돌아다니며 전도해서 교회를 개척했고, 한 교회를 50년 가까이 섬겨 왔습니다. 평생 자기 가족보다 가난한 이웃을 먼저 섬겼습니다. 인간적으로는 용서할 수 없는 사람을 예수 그리스도의 이름으로 용서하기도 했습니다. 저는 그분을 이 세상에서 가장 존경하며 가장 자랑스럽게 여깁니다. 바로 제 아버지이자 한국 교계의 원로인 조경대 목사 이야기입니다.

개신대학원대학교가 청담동에 있을 때 저는 신대원 1학년에 재학 중이었습니다. 당시 500여 명의 학생이 석·박사 과정에 있었습니다. 저는 매일 아침 일찍 등교해서 학교 건물에 손을 대고 기도했습니다. "하나님! 우리 학교에도 건물을 주십시오."

그때는 월세로 임대한 건물에서 수업을 들어야 했습니다. 2학년 봄 학기가 시작되자 학생들이 시위에 나섰습니다. 복도에 의자를 놓고 수업해야 할 정도로 환경이 열악해졌기 때문입니다. 외부 정치 세력이 개입한 게 아닐까 싶을 정도로 시위가 격렬해졌습니다. 학생 측은 '건물을 마련하지 않으면, 이사장은 사퇴하라'고 요구했습니다.

당시 이사장으로 섬겼던 조경대 목사는 결단을 내렸습니다. 시무하던 교회의 교육관을 짓기 위해 모아 둔 수십 억 원의 헌금을 학교를 위해 쓰기로 한 것입니다. 많은 장로와 성도의 반대에 부딪혔지만, 끝내 모두 설득해 냈습니다. 한 교회의 교육관이 아닌 '세계적인 교육관'을 짓는 데 쓰기로 합의한 것입니다. 노량진에 건물을 구입했습니다. 그동안 건물의 가치가 구입 당시보다 몇 배나 뛰어올랐습니다.

그 후 4-5천여 개의 교회가 개신대학원대학교의 인가를 요청하자 조경대 목사는 모든 것을 걸고 정부의 인가를 받아 냈습니다. 실제로 인가가 나리라고 생각한 이는 아무도 없었습니다. 오직 믿음으로 이루어 낸 것입니다.

학교 이사장에서 물러나던 날, 이·취임식에서 그는 유언 같은 말을 남겼습니다. "내가 죽으면 은퇴하기 전에 교회에서 마련해 준 사택을 학교에 바쳐 달라"고 말입니다. 세상 사람들은 몰라줘도 하나님은 그의 충성을 기억하시고, "잘했다. 착하고 충성된 종아" 하고 부르며 인정해 주실 것입니다.

누가는 예수님의 3년 공생애 사역을 한마디로 정리합니다.

"인자가 온 것은 잃어버린 자를 찾아 구원하려 함이니라"(눅 19:10).

진실로 예수님은 마지막 순간까지 잃어버린 자를 찾아 구원하는 사명을 감당하셨습니다. 십자가에 매달린 그 순간까지도 참으로 변함이 없으셨습니다.

하나님은 우리 모두를 사명자로 부르셨습니다. 그리스도인이란 예수님을 따르며 예수님을 닮아 가길 원하는 사역자들입니다. 처음과 나중이 동일하신 예수님을 본받으십시오. 하나님과 믿음의 형제자매 앞에서 '주님이 주신 사명을 끝까지 변함없이 잘 감당했다'는 평가를 받는 믿음의 자녀로 성장해 가기를 바랍니다.

10

깨닫다

|||||||

시선을 돌리면 보이는 것이 다르다

삼상 13:1-15

표준국어대사전 깨닫다

"사물의 본질이나 이치 따위를 생각하거나 궁리하여 알게 되다."

하나님의 계획된 만남

사울은 이스라엘의 초대 왕입니다. 그러나 다윗을 향한 광기에 가까운 질투심 때문에 더 유명해졌습니다. 42년간 왕위에 있으면서 대부분의 세월을 다윗을 쫓으며 보냈습니다. 그뿐만 아니라 하나님에게 버림받은 이스라엘의 첫 번째 왕이기도 합니다.

그는 이스라엘 지파 가운데 가장 작은 베냐민 지파의 자손으로 기브아에서 태어났습니다. 기브아는 베냐민 지파 사람들이 레위인의 첩에게 행한 잔학한 행위 때문에 전멸될 위기에 처했던 곳입니다. 그곳 사람들은 하나님을 두려워하지 않았으며, 거룩한 삶에 그다지 큰 관심이 없었다고 할 수 있습니다. 그런 분위기에서 자란 사울은 그저 평범한 농민으로 살아갈 줄 알았습니다.

어느 날 아버지가 잃어버린 당나귀를 찾기 위해 하나님의 사람으로 일컫는 사무엘을 찾아갔습니다. 하나님의 계획 가운데 사울과 사무엘의 만남이 이루어졌습니다. 사무엘이 하나님의 명에 따라 사울에게 기름을 부어 주었습니다.

겉으로 보기에 준수한 외모의 사울은 왕이 되기에 충분해 보였습니다. 그는 모든 백성보다 어깨 위만큼 키가 더 컸습니다. 모두가 그를 올려다봐야 했습니다. 그러나 그는 자신이 부족하다고 여겼습니다. 왕으로 지목된 후에도 겸손한 태도를 보였습니다.

하나님의 때를 기다리라

그때까지 이스라엘에서 왕권은 친숙한 개념이 아니었습니다. 하나님이 필요할 때마다 선지자들을 통해 말씀하시고 다스리셨기 때문입니다.

얼마 후에 암몬 사람 나하스가 올라와서 야베스에 맞서 진을 치고는 온 이스라엘을 멸시하며 모욕했습니다. 이에 하나님의 영에 크게 감동한 사울이 백성을 모으고 진두지휘해서 암몬 사람들을 쳤습니다. 사울이 왕으로서의 능력을 보여 준 것입니다. 사울이 큰 승리를 거두자 사무엘은 백성에게 나라를 새롭게 하자고 제안했고, 온 백성이 길갈로 가서 하나님 앞에서 사울을 왕으로 삼았습니다.

시간이 갈수록 사울은 왕의 자리가 편해지기 시작했습니다. 그는 자신이 어쩌면 왕이 되기 위해 태어났는지도 모른다고 생각했습니다. 백성에게 왕으로서 자신을 입증해 보이고 싶었습니다.

당시 이스라엘은 추수 때마다 블레셋의 공격으로 골치를 썩였습니다. 그는 블레셋을 몰아내고 이스라엘에 평화를 가져오리라 다짐했습니다. 블레셋 군대의 전초기지가 있는 자신의 고향 기브아에서부터 시작하기로 했습니다.

왕이 되고 난 두 번째 해에 군사 3천 명을 모았습니다. 그중 2천 명을 데리고 믹마스에 진을 쳤습니다. 그는 큰아들 요나단으로 하여금 1천 명을 거느리고 기브아에 진을 치게 한 후 기브아의 북쪽 게바에 있는 블레셋의 수비대를 치게 했습니다. 사무엘과 상의하지 않고, 하나님에게도 허락받지 않은 공격이었습니다. 결국 지혜롭지 못한 행동이었습니다.

블레셋 군대가 복수하기 위해 모여들었습니다. 모래알처럼 많은 병거와 군인이 믹마스에 집합했습니다. 사울은 이미 믹마스를 떠나 길갈로 내려가 있었습니다. 이스라엘 백성은 두려움에 떨며 사방으로 흩어져 버렸습니다. 국경을 넘어 도망가기도 하고, 굴이나 수풀이나 바위틈에 숨기도 했습니다. 이스라엘은 힘을 잃어 갔습니다.

사울은 길갈에서 사무엘을 기다렸습니다. 앞서 사무엘이 사울에게 이렇게 당부한 바 있었습니다.

"너는 나보다 앞서 길갈로 내려가라 내가 네게로 내려가서 번제와 화목제를 드리리니 내가 네게 가서 네가 행할 것을 가르칠 때까지 칠 일 동안 기다리라"(삼상 10:8).

그러나 약속한 7일이 다 지나도록 사무엘은 나타나지 않았습니다. 사울에게는 7년처럼 길게 느껴졌을 것입니다. 시간이 흐를수록 군인들의 사기는 떨어지고, 백성들은 흩어졌습니다. 1분 1초가 아까운 상황이었습니다. 늦장 부리는 선지자를 기다리다가는 상황이 더 악화될 테니 왕으로서 모종의 결단을 내려야만 했습니다. 충분히 기다렸으니 하나님도 이해해 주실 것 같았습니다.

그는 이것이 자기 몰락의 시작일 줄은 꿈에도 몰랐을 것입니다. 사울의 동기는 무엇이었을까요? 그는 이스라엘 군대에 왕이 누구인지를 보여 주고자 했던 것입니다. 그는 하나님의 인도를 구하지도 않고 성급하게 전쟁에 나섰습니다. 그의 경솔함이 전례 없는 국가적 위기를 몰고 왔습니다.

변명만 하다가는 회개할 기회를 놓친다

이 시점에서 사울은 하나님보다 자신의 왕권을 세우는 것에 관심을 두었습니다. 우리처럼 평범했던 사람이 왕이 되더니 교만함으로 눈이 어두워져 하나님이야말로 이스라엘의 진정한 왕이심을 잊었습니다.

우리도 신앙생활을 하다 보면 하나님의 도우심으로 승리를 맛볼 때가 있습니다. 기도가 응답되고, 병이 치료되고, 많은 사람이 부러워할 만한 위치에 서게 되기도 합니다. 그러다가 은혜에 익숙해지면 서서히 마음속에 교만이 싹트게 됩니다. 하나님의 도우심을 간절히 사모하던 사람이 감사를 점점 잃어 갑니다.

사울이 번제를 드리자마자 사무엘이 도착했습니다. 사울은 여전히 자신이 잘했다고 생각하며 사무엘을 맞았습니다. 사무엘은 한마디 질문만 던집니다. "왕이 행하신 것이 무엇이냐"(삼상 13:11). 사울은 늦게 나타난 사무엘을 은근히 탓하며 어쩔 수 없는 상황이었음을 설명합니다.

"백성은 내게서 흩어지고 당신은 정한 날 안에 오지 아니하고 블레셋 사람은 믹마스에 모였음을 내가 보았으므로 이에 내가 이르기를 블레셋 사람들이 나를 치러 길갈로 내려오겠거늘 내가 여호와께 은혜를 간구하지 못하였다 하고 부득이하여 번제를 드렸나이다"(삼상 13:11-12).

사무엘은 사울이 자기 죄를 깨닫고 회개하기를 바랐는지도 모릅니다. 하지만 사울은 하나님의 지시를 무시한 잘못을 정당화하며 변명하기에 급급했습니다. 사무엘이 냉정하게 대답합니다.

"왕이 망령되이 행하였도다 왕이 왕의 하나님 여호와께서 왕에게 내리신 명령을 지키지 아니하였도다 그리하였더라면 여호와께서 이스라엘 위에 왕의 나라를 영원히 세우셨을 것이거늘 지금은 왕의 나라가 길지 못할 것이라 여호와께서 왕에게 명령하신 바를 왕이 지키지 아니하였으므로 여호와께서 그의 마음에 맞는 사람을 구하여 여호와께서 그를 그의 백성의 지도자로 삼으셨느니라"(왕상 13:13-14).

사울이 하나님의 지시를 따라 끝까지 기다렸더라면 하나님은 그의 왕권을 영원토록 세워 주셨을 것입니다. 하나님의 통치를 무시한 대가는 안타깝게도 어마어마한 것이었습니다. 사울의 왕권은 오래가지 못할 것이며, 하나님은 다른 사람을 구하실 것이라는 것이었습니다. 사무엘이 떠나고 난 뒤에 남은 군사를 세어 보니 600명 정도밖에 남지 않았습니다. 3천 명에서 5분의 1만 남은 것입니다.

사울을 보십시오. 그는 사무엘이 회개할 기회를 주었는데도 끝까지 변명만 늘어놓았고, 결국 하나님의 지시를 무시한 어리석은 왕이 되고 말았습니다. 사무엘과 이스라엘 백성의 신망을 잃고, 성급함과 불순종 때문에 영원할 수 있던 왕조도 잃었습니다.

성급한 판단과 행동은 미성숙한 믿음의 표시입니다(약 1:1-8 참조). 사울이 하나님의 지시를 따랐더라면 결과는 분명히 달라졌을 것입니다. 믿음과 인내 없이는 하나님이 약속하신 것을 받을 수 없습니다(히 6:12 참조). 그리스도인은 하나님의 때를 기다리는 법을 배워야 합니다. 그래야 하나님이 가르쳐 주시는 교훈과 우리를 위해 준비해 두신 축복을 누릴 수 있습니다.

하나님의 주권을 끝까지 따르라

사울은 키 크고 잘생긴 외모에 왕의 권위까지 가졌지만 하나님의 마음에는 맞지 않았습니다. 결국 왕이면서도 아무것도 누리지 못했습니다. 그는 마지막에 블레셋 군대의 활 쏘는 자에게 맞아 중상을 입고 스스로 목숨을 끊었습니다. 그날 사울 왕을 따르던 모든 사람들과 세 아들마저 함께 죽고 말았습니다.

하나님에게 주권이 있음을 알면서도 그 주권에 순종하며 사는 것은 쉽지 않습니다. 사람들은 대개 인간관계나 주변 상황에 압박감을 느끼기 마련인데, 자신이 원하는 결과가 나오지 않을 것 같으면 더욱 조급해집니다. 열매가 빨리 맺히지 않을 때, 삶의 방향을 잃고 불안해질 때 하나님의 주권과 통치를 기다리며 기도하기란 여간 어려운 게 아닙니다.

우리가 겪는 고난에는 하나님의 시험을 통해 받는 고난이 있는가 하면 우리의 잘못된 선택으로 말미암아 받게 되는 고난이 있습니다. 하나님의 뜻에 순종하지 않고 내 뜻대로 하다가 겪는 고난입니다.

우리도 사울처럼 성급하고 경솔할 때가 많습니다. 하나님의 약속을 믿지 못하고 혼란 속에 허둥대며 분주하게 살아갑니다. 진득하게 기다리질 못합니다. 그러나 하나님이 7일을 기다리라고 하시든 7년을 기다리라고 하시든 끝까지 기다려야 합니다. 온전한 기다림이 곧 순종입니다. 하나님은 잠시의 만족이 아닌 영원한 축복을 주길 원하시는데, 조급함으로 하나님의 뜻을 뒷전으로 미룬 채 혼자 달려 나가고 있지는 않습니까?

하나님이 함께하시는 사람, 하나님의 마음에 맞는 사람은 하나님의 주권과 뜻을 끝까지 따르는 사람입니다. 그런 사람이 이 시대에 영적인 지도자가 됩니다. 눈앞에 보이는 문제에만 집중하면 하나님을 잃기 쉽습니다. 또한 사울이 그랬듯이 스트레스를 받고 성급한 판단을 내릴 수 있습니다. 그러니 오직 하나님의 약속만을 기억하십시오. 하나님의 선하심을 믿으십시오.

사울의 어리석은 판단과 행동으로 600명의 군사만 남게 되었지만, 하나님은 그를 통해 이스라엘에 승리를 안겨 주셨습니다. 비록 사울은 불순종했으나 사울을 왕으로 세우신 하나님은 그를 헌신짝처럼 버리지 않으셨습니다. 그다음 왕이 준비되기까지 기다리시며, 변변한 무기도 없이 고작 600명의 병사로 수만의 블레셋 군대에 승리를 거두게 하셨습니다(삼상 14장 참조).

하나님의 인도하심을 기억하십시오. 하나님의 뜻에 끝까지 순종해서 영원한 축복을 받으십시오. 사울의 잘못을 타산지석(他山之石) 삼아 하나님의 기름부으심을 끝까지 감당하는 삶을 살아가십시오.

그리스도인은 하나님의 때를 기다리는 법을 배워야 합니다.

그래야 하나님이 가르쳐 주시는 교훈과

우리를 위해 준비해 두신 축복을 누릴 수 있습니다.

4부

믿음을
지키다

Only Faith

11

결단하다

||||||||

상황에 휘둘리지 않는 굳센 믿음을 가지라

단 3장

표준국어대사전 **결단하다**
"결정적인 판단을 하거나 단정을 내리다."

위기의 순간, 하나님을 더 구하라

　지금까지 살아오면서 수많은 친구를 사귀었을 것입니다. 교회 친구, 학교 친구, 사회 친구 등 여러 친구들을 마음에 그려 보십시오. 그들과의 좋은 추억이 떠오를 것입니다. 우리는 믿음의 친구들과 좋은 교제를 나누고 아름다운 시간을 함께 보냅니다. 하지만 내내 좋을 수만은 없습니다. 갈등을 겪는 때가 있기 마련입니다. 외부적인 요인으로 좋은 관계가 틀어질 수도 있습니다. 고대 근동에서 살았던 네 명의 친구들에게 바로 그런 일이 일어났습니다.

　그들의 이름은 다니엘, 하나냐, 미사엘, 아사랴입니다. 모두 히브리인으로 유다 자손이었습니다. 그들은 나라를 잃고 바벨론에 포로로 잡혀 왔습니다. 바벨론의 궁중 대신인 환관장이 그들의 이름을 각각 벨드

사살, 사드락, 메삭, 아벳느고라는 바벨론식 이름으로 바꿔 주었습니다. 흔히 다니엘과 세 친구, 사드락과 메삭과 아벳느고로 불립니다.

포로로 잡혀 오긴 했지만, 그들은 한마디로 잘나가는 청년들이었습니다. 아름다운 용모에 지식과 지혜를 갖춘 덕분에 왕의 눈에 들어서 당시의 선진 학문과 언어를 배울 수 있게 되었습니다. 다니엘은 왕의 꿈을 해몽한 덕분에 죽다가 살아나서 바벨론 온 지방을 다스리는 자리에까지 올랐습니다. 다니엘의 요구로 사드락과 메삭과 아벳느고도 지방의 일을 다스리게 되었습니다(단 2장 참조). 다니엘과 세 친구는 타국에 포로로 끌려와서 이름과 모국어를 잃고 절망에 빠질 법도 한데 오히려 높임을 받으니 하나님의 도우심을 절실히 느끼고 하나님에게 깊이 감사했을 것입니다.

시험이 믿음을 굳게 한다

사드락과 메삭과 아벳느고는 포로 신세지만 대체로 평안하게 지냈습니다. 그런데 갈등 상황이 벌어집니다. 평온함에 충격을 던지는 사건이 일어난 것입니다.

"선포하는 자가 크게 외쳐 이르되 백성들과 나라들과 각 언어로 말하는 자들아 왕이 너희 무리에게 명하시나니 너희는 나팔과 피리와 수금과 삼현금과 양금과 생황과 및 모든 악기 소리를 들을 때에 엎드리어 느부갓네살 왕이 세운 금 신상에게 절하라 누구든지 엎드려 절하지 아니하는 자는 즉시 맹렬히 타는 풀무 불에 던져 넣으리라 하였더라"(단 3:4-6).

마치 새벽 3시에 다급하게 울리는 전화벨 소리처럼 평온했던 일상을 산산조각 내는 소식입니다. 이야기가 쉴 틈을 주지 않고 빠르게 전개됩니다. 읽는 이로 하여금 안심하게 하는 대목이 한 군데도 없습니다.

그러나 이것은 하나님이 주시는 시험이었습니다. 다만 이 일을 당하는 세 친구는 하나님의 뜻을 알지 못했고, 하나님이 어떻게 이끄실지도 알 수 없었습니다. 그들이 느꼈을 마음의 고통을 상상해 본다면, 그들은 아마도 청천벽력 같은 명령을 듣고는 너무 놀라 정신을 잃고 마룻바닥에 넘어졌을 것입니다.

도대체 이 시험의 본질은 무엇일까요? 왜 하나님은 그들에게 이런 시험을 주신 걸까요? 하나님은 세 친구가 누구를 또는 무엇을 섬기는지 보기 위해 시험을 주셨습니다. 즉, 시험을 통해 그들이 지금 하나님을 섬기고 있는지 아니면 다른 우상을 섬기고 있는지가 드러날 것입니다.

'하나님! 우리는 이곳 바벨론에 포로로 잡혀 와서 산전수전을 다 겪었습니다. 느부갓네살 왕이 금 신상에 절하라고 하니 어쩔 수 없이 절해야겠습니다. 이해해 주십시오. 한 번만 절하겠으니 딱 한 번만 눈감아 주십시오'라고 말하든지, 아니면 '아닙니다. 우리는 금 신상에 절하지 않겠습니다. 우리는 오직 하나님 한 분만을 섬기겠습니다'라고 하든지 둘 중에 하나만 선택할 수 있습니다. 동시에 두 가지를 선택할 수는 없습니다.

오늘날 현대 그리스도인 역시 이 같은 궁지에 몰려 있다고 생각합니다. 우상이 왕 노릇 하는 세상입니다. 현대인에게 돈은 곧 미래입니다. 돈을 중심으로 사회가 돌아갑니다. 그리스도인이라고 해서 다르지 않을 것입니다.

과연 우리는 예수 그리스도를 예배합니까, 아니면 세상의 우상들을 예배합니까? 하나님 대신에 돈, 명예, 권력, 섹스 등을 좇지는 않습니까? 세상은 끊임없이 우상을 숭배하도록 우리를 유혹합니다. 그래서 하나님은 종종 우리 믿음이 정말로 어디를 향하고 있는지를 확인시켜 주시기 위해 우리를 시험하곤 하십니다. 시험이 부지불식간에 찾아오기 때문에 쉽게 통과하지 못하기도 합니다.

세 친구는 바벨론의 포로이긴 했지만 느부갓네살 왕의 모든 정책을 반대하거나 싫어하지는 않았습니다. 그러나 이번만큼은 순응할 수가 없었습니다. 세 친구는 왕이 왜 금 신상을 세웠는가를 생각하며 그 의도를 짐작해 보았을 것입니다. 첫째, 자기 힘과 능력을 과시하기 위해서일 것입니다. 둘째, 제국의 온 백성을 하나의 종교 아래 연합시키기 위해서일 수도 있습니다. 그러나 두 가지 모두 세 친구가 받아들일 만한 이유가 되지는 못합니다. 모든 권세는 하나님으로부터 오는 것이기에 누구도 자만할 수 없기 때문입니다. 또한 여호와 하나님 외에 다른 신은 없기 때문입니다. 이미 많은 이스라엘 유배자들이 바벨론의 신들을 섬기며 이방인의 관습에 물들어 있었습니다. 슬픈 현실입니다. 그런데 바벨론의 관리가 된 세 친구가 금 신상에 절한다면 상황은 더욱 악화될 것입니다.

느부갓네살의 금 신상은 크고 웅장했습니다. 골리앗보다 무려 열 배나 더 컸습니다. 두라의 평지에 세워져서 멀리서도 눈부신 금 신상을 볼 수 있었습니다. 선포하는 자가 제국의 모든 언어로 왕의 명령을 선포했습니다.

"너희는 나팔과 피리와 수금과 삼현금과 양금과 생황과 및 모든 악기 소리를 들을 때에 엎드리어 느부갓네살 왕이 세운 금 신상에게 절하라 누구든지 엎드려 절하지 아니하는 자는 즉시 맹렬히 타는 풀무 불에 던져 넣으리라"(단 3:5-6).

드디어 올 것이 왔습니다. 악기 소리가 들리자 모든 사람이 땅에 엎드려 절했습니다. 다니엘의 세 친구만 빼고 말입니다. 그래서 그들은 왕 앞에 불려갔습니다. 왕과 궁중의 모든 사람의 눈이 세 친구에게 쏠립니다. 왕이 노한 목소리로 그들을 추궁합니다.

"이제라도 너희가 준비하였다가 나팔과 피리와 수금과 삼현금과 양금과 생황과 및 모든 악기 소리를 들을 때 내가 만든 신상 앞에 엎드려 절하면 좋거니와 너희가 만일 절하지 아니하면 즉시 너희를 맹렬히 타는 풀무 불 가운데에 던져 넣을 것이니 능히 너희를 내 손에서 건져낼 신이 누구이겠느냐"(단 3:15).

하나님의 시험에 부딪힌 세 친구는 어떤 선택을 했을까요? 사드락과 메삭과 아벳느고가 왕에게 대답합니다.

"느부갓네살이여 우리가 이 일에 대하여 왕에게 대답할 필요가 없나이다 왕이여 우리가 섬기는 하나님이 계시다면 우리를 맹렬히 타는 풀무 불 가운데에서 능히 건져내시겠고 왕의 손에서도 건져내시리이다 그렇게 하지 아니하실지라도 왕이여 우리가 왕의 신들을 섬기지도 아니하고 왕이 세우신 금 신상에게 절하지도 아니할 줄을 아옵소서"(단 3:16-18).

결국 그들은 결박되어 맹렬히 불타오르는 풀무 불 가운데로 던져졌습니다. 어찌나 뜨겁던지 그들을 붙들었던 사람들이 타 죽을 정도였습니다.

그런데 놀라운 일이 벌어졌습니다. 풀무 불 가운데 하나님의 천사가 그들과 함께 선 것입니다. 깜짝 놀란 느부갓네살 왕이 풀무 불 가까이에 서서 그들을 불렀습니다.

"지극히 높으신 하나님의 종 사드락, 메삭, 아벳느고야 나와서 이리로 오라"(단 3:26).

불 가운데서 나온 세 친구는 머리털 하나 타지 않은 채 멀쩡했습니다. 불에 타는 냄새조차 나지 않았습니다. 느부갓네살 왕이 감격해서 말했습니다.

"사드락과 메삭과 아벳느고의 하나님을 찬송할지로다 그가 그의 천사를 보내사 자기를 의뢰하고 그들의 몸을 바쳐 왕의 명령을 거역하고 그 하나님밖에는 다른 신을 섬기지 아니하며 그에게 절하지 아니한 종들을 구원하셨도다 그러므로 내가 이제 조서를 내리노니 각 백성과 각 나라와 각 언어를 말하는 자가 모두 사드락과 메삭과 아벳느고의 하나님께 경솔히 말하거든 그 몸을 쪼개고 그 집을 거름터로 삼을지니 이는 이같이 사람을 구원할 다른 신이 없음이니라"(단 3:28-29).

할렐루야! 하나님이 도우셨습니다!

다니엘의 세 친구는 우리와 똑같은 평범한 사람들이었습니다. 그들도 얼마나 두렵고 떨렸겠습니까? 그럼에도 불구하고 그들은 선하신 하나님을 믿으며 하나님을 위해 죽는 길을 선택했습니다. 그리고 역설적이게도 죽기를 선택함으로써 새 생명을 얻었습니다.

믿음으로 결단하라

몇 년 전, 영적으로 혹독한 겨울을 보내고 있을 때 어느 권사님이 책한 권을 선물해 주었습니다. 한동대학교 김영길 전 총장의 아내 김영애 권사가 쓴 《갈대 상자》(두란노)입니다. 이 책을 읽지 않았더라면 저도 김영길 총장에 관해 많은 오해를 했을 것입니다. 학교 돈을 횡령한 사람으로 말입니다. 그러나 이 책을 읽으면서 그리스도인으로 살아가는 것이 얼마나 힘들고 고통스러운 일인가를 새삼 느꼈습니다. 그리스도인의 삶에 인내가 필수임을 깨닫고 많이도 울었습니다.

김영길 총장의 이야기는 우리에게 진정한 믿음이란 무엇인가를 가르쳐 줍니다. 한동대학교 개교 준비를 위해 카이스트(KAIST)라는 안정적인 일터를 떠났습니다. 하나님의 대학으로 키워 나가겠다는 찬란한 꿈이 있었기 때문입니다. 그러나 설립자의 기업이 문을 닫게 되자 자금 출연이 어려워지면서 큰 빚을 떠안게 되었습니다.

개교한 후에 그는 검찰, 법원, 경찰서, 노동청 등에 80여 차례나 불려가는 고초를 당했습니다. 재정 업무를 맡은 부총장은 채무자에게 멱살잡이를 당하고, 학교 식당에서 무릎을 꿇리기도 했습니다. 김 총장은 횡령 혐의로 구속까지 되었습니다. 하나님을 위해 선한 일을 하려다가 큰 고통에 빠진 것입니다.

1심 재판에서 징역 2년이 선고되어 수감되었습니다. 첫 면회에서 부인과 남편이 이런 대화를 나눴다고 합니다.

"당신이 아무것도 할 수 없으니 하나님이 더 바쁘게 일하신답니다. 하나님이 그 안에 있으라고 하시는 동안에는 느긋한 마음으로 계세요."

"나도 그렇게 마음먹고 있소. 하나님을 사랑하는 자, 그 뜻대로 부르심을 입은 자에게는 모든 것이 합력하여 선을 이루게 하실 것이오. 지금까지 너무 바쁘게 지냈으니, 이제 이곳에서 하나님을 가까이서 만나야겠소."

불같은 시험을 만났음에도 모든 것을 하나님에게 맡기고 믿음으로 기다리는 것, 이것이야말로 믿음의 정수가 아니겠습니까?

세상의 어떤 압력에도 굴하지 않고 하나님의 말씀에 순종하는 성도가 되십시오. 하나님의 인도하심을 항상 기억하고, 하나님의 영원한 축복을 받는 성도가 되십시오. 다니엘의 세 친구처럼 믿음으로 결단해서 하나님의 살아 계심을 세상에 알리는 축복을 누리십시오.

12

잇다

‖‖‖‖‖

믿음을 이어 갈 때 하나님 나라가 임한다

수 1:1-9

표준국어대사전 잇다

"끊어지지 않게 계속하다."

믿음의 대를 이어 가라

저는 어렸을 때부터 거룩한 강대상에 한번 서 보는 것이 꿈이었습니다. 목회자의 가정에서 자라면서 강대상에 대한 애틋한 그리움과 동경을 갖게 된 것 같습니다. 1982년 늦가을, 교회 입당 예배를 드리기 전 토요일 밤이었습니다. 집사님들은 강대상을 열심히 청소하고 저와 친구들은 2층에서 강대상을 바라보며 놀았는데, 그날의 감격은 이루 말할 수가 없습니다.

매일 새벽마다 교회에서 다음 시대를 이끌 지도자들이 배출되기를 기도합니다. 이제 다음세대를 준비해야 할 때가 되었습니다. 그러나 이전 세대가 뿌렸던 눈물과 땀과 기도를 잊어서는 안 됩니다. 그들의 고귀한 신앙을 가슴에 안고 하나님 나라와 의를 위해 더 나은 내가 되도록 노력해야 합니다.

여호수아는 어려서부터 섬겼던 지도자 모세가 죽은 후에 얼마나 슬프고 낙심이 되었겠습니까? 평생 의지하며 도움을 받았던 아버지 같은 모세가 느보 산에서 죽고, 이제 요단 강을 건너 약속의 땅 가나안에 들어가야 할 텐데 앞이 막막했을 것입니다. 인간적인 고뇌에 싸일 만했습니다.

그때 하나님이 여호수아에게 강하고 담대하라고 말씀해 주십니다. 하나님은 이스라엘에 주기로 약속하신 가나안 땅을 차지하게끔 여호수아를 위해 특별한 계획을 가지고 계셨습니다. 모세를 위한 하나님의 특별한 목적은 이스라엘 백성을 애굽에서 구원해 내는 것이었고, 여호수아에게는 이스라엘 백성을 젖과 꿀이 흐르는 약속의 땅 가나안으로 이끌게 하시는 것이 목적이었습니다.

폴란드 출신의 피아니스트 파데레프스키(Paderewski)가 미국의 큰 콘서트홀에서 연주할 때였습니다. 청중 가운데 안절부절 못하는 아홉 살짜리 아이와 그의 엄마가 앉아 있었습니다. 지루함에 지친 아들이 꿈틀거렸습니다. 엄마는 아들이 파데레프스키의 연주를 듣고 격려받기를 소망했습니다. 그래서 꿋꿋하게 버티며 연주가 시작되기를 기다렸습니다.

엄마가 친구들과 이야기를 나누기 위해서 잠시 돌아섰을 때, 아이가 엄마 옆을 떠나 무대 위로 올라갔습니다. 그랜드 피아노에 관심이 쏠렸던 것입니다. 아이는 사람들의 시선에도 아랑곳하지 않고 피아노 의자에 앉았습니다. 그리고 건반 위에 작은 손을 올리고 연주하기 시작했습니다. 〈젓가락 행진곡〉(Celebrated Chop Waltz)이었습니다.

청중은 무대 쪽으로 얼굴을 돌려 아이가 연주하는 모습을 보고 당황

했습니다. 곧 화를 내며 소리치기 시작했습니다.

"아이 엄마는 어디에 있습니까?"

"누가 저 아이 좀 데려가 줘요."

"연주하지 못하게 막으세요!"

무대 뒤에 있던 파데레프스키가 재빨리 상황을 파악하고 서둘러 무대 위로 올랐습니다. 그는 조용히 아이 옆에 앉아서 아이가 연주하는 〈젓가락 행진곡〉에 맞춰 즉흥 연주를 하기 시작했습니다. 함께 연주할 때, 파데레프스키가 아이의 귀에 속삭였습니다.

"계속해라. 멈추지 마라, 아이야. 계속 연주해라. 멈추지 마라. 그만두지 마라."

거장 파데레프스키는 함께 연주하며 아이를 격려해 주었습니다. 이처럼 하나님도 여호수아를 격려해 주셨습니다.

"강하고 담대하라 너는 내가 그들의 조상에게 맹세하여 그들에게 주리라 한 땅을 이 백성에게 차지하게 하리라"(수 1:6).

하나님의 특별한 목적을 기억하라

하나님의 격려에서 우리는 세 가지 요점을 발견합니다. 첫째, 하나님은 우리를 향한 특별한 목적을 가지고 계시다는 것입니다.

"내 종 모세가 죽었으니 이제 너는 이 모든 백성과 더불어 일어나 이 요단을 건너 내가 그들 곧 이스라엘 자손에게 주는 그 땅으로 가라 내가 모세에게 말한 바와 같이 너희 발바닥으로 밟는 곳은 모두 내가 너희에게 주었노니 곧 광야와 이 레바논에서부터 큰 강 곧 유브라데 강까지 헷 족속의 온 땅과 또 해 지는 쪽 대해까지 너희의 영토가 되리라 네 평생에 너를 능히 대적할 자가 없으리니 내가 모세와 함께 있었던 것같이 너와 함께 있을 것임이니라 내가 너를 떠나지 아니하며 버리지 아니하리니"(수 1:2-5).

하나님은 여호수아를 향한 특별한 목적이 있으셨기에 그가 태어날 때부터 그를 준비시키셨습니다. 여호수아는 애굽에서 노예로 태어났는데, 부모가 '구원'을 뜻하는 호세아라는 이름을 지어 주었습니다. 그리고 훗날 모세가 호세아를 여호수아로 바꾸어 주었습니다. '여호와의 구원'이란 뜻입니다.

여호수아는 아말렉에 맞선 첫 번째 전투에서 승리를 거두었습니다. 모세가 예언자이자 법률 제정자였던 반면에 여호수아는 군사적 능력을 갖춘 장군이었습니다. 모세가 십계명을 받기 위해 시내 산에 올라갔을 때 유일하게 함께 올라간 사람이 바로 여호수아입니다. 여호수아는 모세의 부하였습니다(출 24:13 참조). 지금으로 치면 보좌관이나 경호 실장 정도가 될 것입니다. 광야 시절에 모세는 하나님과 만나기 위해 진영 바깥에 특별한 회막을 세웠습니다(출 33:7-11 참조). 여호수아가 그곳에 머물며 회막을 지켰습니다. 모세가 가는 곳마다 여호수아가 뒤를 따랐고, 모세가 경험한 하나님을 그도 같이 경험했습니다.

이제 여호수아는 하나님이 주신 가나안 땅을 정복하기 위해 발걸음을 뗄 것입니다. 하나님은 그에게 특별한 목적을 주셨고, 40년간 그를 훈련시키셨습니다. 여호수아에게 가나안 정복은 가슴 벅찬 사명이었을 것입니다. 그에게 40년 광야 생활은 사명감에 불타는 시간이었고, 성령의 불이 임하는 시간이었습니다.

모세의 장점과 단점을 들어 그를 사용하셨듯이, 하나님은 여호수아의 장점과 단점을 통해 일하실 것입니다. 모세의 시대가 있었듯이, 이제 여호수아의 시대가 열릴 것입니다. 하나님은 다음세대를 준비하는 사람마다 각각 특별한 목적을 가지고 계십니다. 그러니 다른 사람들과 비교할 필요가 없습니다. 낙심하거나 절망할 필요도 없습니다. 모두가 하나님의 자녀요, 하나님 안에서 최고의 사람들입니다. 하나님에게 특별한 존재라는 뜻입니다.

한 마리 쥐가 있었습니다. 어느 날, 아침 일찍 일어나서 배가 고팠던 쥐는 사과나무로 달려갔습니다. 하지만 나무가 너무 높았습니다. 어떻게 하면 높은 가지에 달린 사과를 먹을 수 있을까 생각하는데 옆을 보니 큰 돌이 놓여 있었습니다. 쥐는 그 돌을 타고 올라갔습니다. 그런데 그 큰 돌이 움직이기 시작했습니다. 알고 보니 그것은 돌이 아니라 동물의 왕 사자였습니다.

잠에서 깨어난 사자가 쥐에게 물었습니다. "네가 감히 동물의 왕인 나를 밟았느냐?" 쥐는 미안하다고 말하며 너무 배가 고파서 그랬다고 고백했습니다. 그러자 사자는 쥐를 도와 사과를 먹을 수 있게 해 주었습니다. 쥐는 사자에게 언젠가 꼭 한 번 돕겠다고 약속했지만, 사자는 "너같이 작은 놈이 어떻게 나를 돕겠느냐?" 하며 피식 웃고 말았습니다.

얼마 지나서 사자가 사람이 쳐 놓은 덫에 걸렸습니다. 덫에 걸린 사자를 발견한 쥐는 뾰족한 이로 덫을 갉아 끊고 사자를 구했습니다.

이처럼 힘이 있거나 없거나, 부요하거나 가난하거나, 크거나 작거나 우리에게는 하나님이 주신 특별한 목적이 있습니다.

사자가 먹이를 움키듯 말씀을 묵상하라

하나님이 여호수아를 통해 우리에게 말씀하시는 두 번째 주제는, 하나님의 말씀은 성공적인 삶을 위한 모든 것이라는 것입니다.

"오직 강하고 극히 담대하여 나의 종 모세가 네게 명령한 그 율법을 다 지켜 행하고 우로나 좌로나 치우치지 말라 그리하면 어디로 가든지 형통하리니 이 율법책을 네 입에서 떠나지 말게 하며 주야로 그것을 묵상하여 그 안에 기록된 대로 다 지켜 행하라 그리하면 네 길이 평탄하게 될 것이며 네가 형통하리라"(수 1:7-8).

'형통'을 다른 말로 바꾸면 '성공'입니다. 하나님은 여호수아에게 하나님의 말씀은 평탄하고 형통한 삶을 위한 모든 것이라고 말씀하십니다. 즉, 성공을 위한 모든 것이라는 뜻입니다. 누구나 성공을 꿈꾸며 원합니다. 실패하기를 바라는 사람은 없습니다. 하나님도 우리가 끝까지 순종해서 믿음의 성공을 이루기를 원하십니다.

성경은 성공적인 삶을 살려면 어떻게 해야 한다고 가르칩니까? 성공은 무조건 보장되는 법이 없습니다. 그리스도인은 말씀 앞에 순종해야 성공합니다. 모세는 여호수아에게 하나님의 말씀에 순종하라고 늘 얘기해 주었습니다. 그리하면 여호수아의 삶이 순조롭고 형통할 것입니다. 그런데 순종에 앞서 꼭 해야 할 일이 있습니다. 하나님의 말씀을 주야로 묵상하는 것입니다.

성공적인 삶을 살기 원한다면 하나님의 말씀을 늘 묵상하십시오. 묵상으로 깨달은 것을 삶에 적용하십시오. 그러면 좌로나 우로나 치우치지 않고도 성공적인 삶을 살게 될 것입니다.

여기서 묵상은 "큰 사자나 젊은 사자가 자기의 먹이를 움키고 으르렁거릴 때"(사 31:4)를 의미합니다. 사자가 먹이를 움키듯이 말씀을 묵상해 보십시오. 이것은 말씀을 붙잡고 가능한 모든 각도에서 생각하고 또 생각하라는 뜻입니다. 눈앞에 하나님의 말씀이 선명하게 나타날 때 비로소 묵상이 된 것입니다.

시편 1편과 여호수아 1장은 묵상의 영 안에서 우리 날들을 지내라고 권합니다. 우리는 걸을 때나 운전할 때, 심지어 샤워할 때도 묵상할 수 있습니다. 무엇보다도 진리를 묵상하는 데 시간을 보내십시오. 그리고 묵상한 대로 행하십시오.

어느 혹독한 겨울날, 너무 큰 충격을 받아서 혀가 굳어 한 달 동안 말을 제대로 하지 못할 때가 있었습니다. 고통스러운 그때에 하나님 말씀을 묵상하다가 하나님이 주시는 위로와 격려의 말씀을 발견했습니다.

"사람이 감당할 시험밖에는 너희가 당한 것이 없나니 오직 하나님은 미쁘사 너희가 감당하지 못할 시험 당함을 허락하지 아니하시고 시험 당할 즈음에 또한 피할 길을 내사 너희로 능히 감당하게 하시느니라"(고전 10:13).

이 말씀 덕분에 하루도 버티지 못할 것 같던 인생에서 가장 큰 환난의 시기를 잘 이겨 낼 수 있었습니다.

부정적인 것을 묵상하지 말고, 불평과 불만을 묵상하지 말고, 환경을 묵상하지 말고, 사람을 묵상하지 말고, 하나님의 말씀만을 묵상하십시오. 하나님이 주시는 강하고 담대하게 하는 말씀을 묵상하십시오. 묵상을 통해 여러 문제가 해결되는 것을 경험하게 될 것입니다.

항상 함께하시는 하나님

하나님이 여호수아를 통해 우리에게 주시는 세 번째 주제는, 항상 우리와 함께하신다는 것입니다.

"내가 네게 명령한 것이 아니냐 강하고 담대하라 두려워하지 말며 놀라지 말라 네가 어디로 가든지 네 하나님 여호와가 너와 함께하느니라 하시니라"(수 1:9).

'내가 네게 명령한 것이 아니냐'라는 말씀은 하나님이 자신의 권위를 강조하시는 수사학적인 표현입니다. 답이 빤한 질문이라는 뜻입니다. 하나님의 힘과 능력을 나타내는 말씀입니다.

불타는 떨기나무에서 모세를 직접 부르셨던 하나님이 여호수아에게 친히 말씀하십니다. '강하고 담대하라. 두려워하거나 놀라지 마라.' 여호수아가 어디로 가든지 하나님이 함께하겠다고 약속하십니다.

하나님의 종에게 주시는 가장 든든한 약속은 그가 어디를 가든지 함께하시겠다는 약속입니다. 그를 눈동자처럼 지키고 보호하며 지혜와 능력을 부어 주셔서, 사명을 다하도록 은혜를 베풀어 주신다는 뜻입니다.

하나님은 여호수아뿐 아니라 모세나 예레미야에게도 같은 약속을 해 주셨습니다. 하나님이 모세에게 애굽으로 돌아가 이스라엘을 이끌고 나오라고 명령하시자 모세가 "오 주여 나는 본래 말을 잘하지 못하는 자니이다 주께서 주의 종에게 명령하신 후에도 역시 그러하니 나는 입이 뻣뻣하고 혀가 둔한 자니이다"(출 4:10) 하고 앓는 소리를 했습니다. 그러자 하나님이 "누가 사람의 입을 지었느냐 누가 말 못 하는 자나 못 듣는 자나 눈 밝은 자나 맹인이 되게 하였느냐 나 여호와가 아니냐 이제 가라 내가 네 입과 함께 있어서 할 말을 가르치리라"(출 4:11-12) 하고 말씀해 주셨습니다.

눈물의 선지자 예레미야는 조국의 몰락을 예견하고 주변 국가들에 찾아올 하나님의 진노를 예언해야 했을 때 도망가고 싶었습니다. 그는 "슬프도소이다 주 여호와여 보소서 나는 아이라 말할 줄을 알지 못하나이다"(렘 1:6) 하며 읍소했습니다. 그러나 하나님은 "그들이 너를 치나 너를 이기지 못하리니 이는 내가 너와 함께하여 너를 구원할 것임이니라 여호와의 말이니라"(렘 1:19) 하며 힘을 주셨습니다.

예수님도 십자가에 달려 죽으셨다가 부활 후 승천하시기 전에 제자들에게 유언처럼 마지막 말을 남기셨습니다. "내가 세상 끝 날까지 너희와 항상 함께 있으리라"(마 28:20). 겁 많던 제자들이 이 말씀을 붙들고 나아가 세계 선교의 주춧돌을 세웠습니다.

하나님이 함께하시는 사람과 함께하시지 않는 사람의 차이는 무엇입니까? 하나님이 함께하시지 않는 사람은 늘 불안에 떱니다. 두려움이 많고 잘 놀랍니다. 그러나 하나님이 함께하시는 사람은 불안하지 않습니다. 두렵지 않습니다. 환난이 와도 놀라지 않습니다. 넘어져도 엎드러지지 않고 다시 일어납니다. 하나님이 그의 힘이 되시기 때문입니다.

우리는 우리 인생에서 가질 수 있는 최고의 내비게이션을 가지고 있습니다. 그것은 바로 하나님이 우리와 함께하신다는 약속의 말씀입니다. 하나님은 언제나 우리와 함께하십니다. 과거에도 함께하셨고, 지금도 함께하시며, 미래에도 함께하실 것입니다. 그러니 원수 마귀에게 속지 마십시오. '너는 혼자다. 아무도 너를 구하지 못한다'고 으름장 놓는 사탄의 음성에 귀 기울이지 마십시오. 하나님은 지금도 말씀하십니다. '내가 너와 함께한다.' 하나님이 우리와 함께하시는데 누가 감히 우리를 대적하겠습니까?

교회의 지나간 역사도 중요하지만, 이제부터가 더 중요합니다. 미래를 준비하고 다음세대를 양성해야 하는 이때, 이 시대에 필요한 여호수아들이 곳곳에서 일어나기를 기도합니다.

하나님은 "내가 내 영을 만민에게 부어 주리니 너희 자녀들이 장래 일을 말할 것이며 너희 늙은이는 꿈을 꾸며 너희 젊은이는 이상을 볼 것"(욜 2:28)이라고 말씀하셨습니다. 주님이 다시 오실 그날까지 자녀는 자녀대로, 늙은이는 늙은이대로, 젊은이는 젊은이대로 하나님이 부어 주시는 영에 따라 성령 충만함으로 사명을 감당해 나가십시오.

13

유지하다

|||||||||

한결같은 믿음으로 산지를 얻으라

수 14:6-15

표준국어대사전 **유지하다**

"어떤 상태나 상황을 그대로 보존하거나 변함없이 계속하여 지탱하다."

갈렙, 하나님 앞에 올곧은 사람

세상에 완벽한 사람은 없습니다. 성경에서조차 흠 없는 사람을 찾아볼 수 없습니다. 물론 예수님을 제외하고 말입니다. 기드온이나 여호수아는 두려움에 떨었고, 모세는 말을 더듬었습니다. 요셉은 형들에게 잘난 척을 했고, 야곱은 사기를 쳤으며, 아브라함은 아내 사라를 동생으로 속였습니다.

그런데 그중에서 거의 완벽하리만큼 이미지가 반듯한 한 사람을 발견합니다. 바로 갈렙입니다. 성경은 갈렙에 관해 길게 언급하지 않지만, 갈렙이 등장할 때마다 처음부터 끝까지 한결같은 모습에 도전과 은혜를 받습니다.

사람의 마음은 변덕쟁이 날씨처럼 상황에 따라 변하고, 기분에 따라 변하고, 상대방의 말 한마디에도 이리저리 흔들립니다. 그런데 갈렙은 어떻게 변함없이 올곧게 살 수 있었을까요?

약속을 믿으면 흔들리지 않는다

갈렙이 성경에 처음 등장했을 때의 나이는 마흔이었습니다. 모세가 가나안 땅으로 열두 명의 정탐꾼을 보낼 때 여호수아와 갈렙이 함께 갔습니다. 정탐을 끝낸 뒤, 열 명의 정탐꾼은 가나안이 젖과 꿀이 흐르는 땅이긴 하지만 성읍이 크고 견고하며 거인들이 살고 있어 두려운 땅이라고 보고했습니다. 그러자 그들의 말을 들은 백성이 혼란에 빠져 웅성거리기 시작했습니다. 그때 두 명의 정탐꾼이 다른 이야기를 들려주었습니다. 여호수아와 갈렙은 능히 이길 수 있으니 올라가서 그 땅을 취하자고 했습니다. 모세와 아론도 가만히 있는데, 갈렙이 나서서 "여호와를 거역하지는 말라 또 그 땅 백성을 두려워하지 말라 그들은 우리의 먹이라 그들의 보호자는 그들에게서 떠났고 여호와는 우리와 함께하시느니라 그들을 두려워하지 말라"(민 14:9)고 호소했습니다. 정말로 충성스러운 종만이 할 수 있는 말입니다.

그런데도 이스라엘 백성은 여호수아와 갈렙의 말을 듣지 않고 두려움에 싸여 모세와 아론을 원망하며 돌로 쳐 죽이려고까지 했습니다. 하나님은 그들의 불순종에 크게 진노하시어 열 명의 정탐꾼은 재앙으로 죽게 하시고, 갈렙과 여호수아를 제외한 20세 이상은 아무도 가나안 땅에 들어가지 못하게 하셨습니다. 그리고 끝까지 믿음을 저버리지 않고 백성 앞에서 하나님에게 순종할 것을 호소했던 갈렙에게는 장차 약속의 땅을 주겠노라고 약속하셨습니다.

"그러나 내 종 갈렙은 그 마음이 그들과 달라서 나를 온전히 따랐은즉 그가 갔던 땅으로 내가 그를 인도하여 들이리니 그의 자손이 그 땅을 차지하리라"(민 14:24).

애굽에서 나온 지 2년째 되던 해에 하나님이 모세에게 첫 번째 인구조사를 하게 하셨는데, 그때 전쟁에 나갈 수 있는 20세 이상의 남자가 633,550명이었고, 여자와 아이와 노인까지 합하면 약 200만 명쯤 되었을 것입니다(민 1장 참조). 그중에 단 두 명만이 하나님의 약속을 누리게 된 것입니다.

갈렙이 두 번째로 등장하는 때는 그로부터 45년이 흐른 뒤였습니다. 그 세월 동안 정말 많은 일들이 있었습니다. 갈렙 자신은 아무런 잘못이 없었지만 38년간 광야에서 떠돌아야 했고, 부모와 형제들의 죽음을 지켜봐야 했습니다. 가나안 땅을 정복하기 위해 7년여간 여호수아를 도와 열심히 싸웠습니다. 여리고 성을 함락시켰고, 아이 성에서는 패배를 맛봤습니다. 싸움에 이길 때까지 해가 움직이지 않는 것을 목격한 적도 있습니다. 이제 가나안 정복을 위한 마지막 전쟁에 들어가야 할 때가 되었습니다.

이 정도면 지칠 만도 한데, 갈렙은 45년 전이나 지금이나 믿음과 열정에 변함이 없었습니다. 여전히 하나님의 약속을 붙잡았던 갈렙은 흔들리지 않는 믿음을 가지고 있었습니다. 심지어 건강까지도 예전 못지않았습니다. 그의 고백 한마디 한마디가 믿음의 증거가 됩니다.

"모세가 나를 보내던 날과 같이 오늘도 내가 여전히 강건하니 내 힘이 그 때나 지금이나 같아서 싸움에나 출입에 감당할 수 있으니"(수 14:11).

어떻게 이런 일이 가능할까요? 갈렙은 흔들리지 않는 믿음의 소유자였습니다. 그는 하나님의 약속을 굳게 믿었습니다. 훗날 예수님이 산상설교에서 "진실로 너희에게 이르노니 천지가 없어지기 전에는 율법의 일점일획도 결코 없어지지 아니하고 다 이루리라"(마 5:18)라고 말씀하셨는데, 갈렙은 이미 오래전부터 반드시 이루실 하나님의 약속을 철석같이 믿었던 것입니다.

그런 점에서 요즘 제가 관심을 가지고 연구하는 분이 계십니다. 바로 김형석 교수님입니다. 걸어 다니는 인간문화재라고도 볼 수 있는 분인데, KBS 프로그램인 〈인간극장〉을 통해 본 그분의 일상이 매우 인상 깊었습니다. 1920년생이시니 올해로 100세신데도 웬만한 젊은이보다 몸 자세와 마음이 건강해 보였습니다.

그분은 철학자로서, 예수님을 따르는 제자로서 그리고 교육자로서 개인적으로 배울 점이 참 많은 분입니다. 저서가 수없이 많은데도 여전히 원고를 쓰고 계시다고 합니다. 그분의 저서 중《백년을 살아보니》(덴스토리)라는 책이 있습니다. 100년을 살아 온 삶의 지혜와 통찰이 오롯이 담겨 있습니다.

"나는 지금도 성공보다 최선을 다하는 사람이 행복하며, 유명해지기보다는 사회에 기여하는 인생이 더 귀하다고 믿는다 … 스스로의 인생관과 가치관을 설정하는 데 기독교 정신이 얼마나 큰 비중을 차지하는가를 알려 주고 싶었다. 신앙은 가장 소중한 인생의 선택이다 … 그리스도의 정신과 더불어 봉사하는 가정이 되기를 원하는 마음이다."

우리 모두는 행복해지고 싶어 합니다. 그리고 우리의 삶이 가치 있기를 원합니다. 김형석 교수님은 100년을 살아오는 동안 일제강점기에 나라를 빼앗기고 한국전쟁을 겪었습니다. 아버지와는 생이별을 해야 했고, 슬하에 여섯 남매를 두었으며, 50대부터는 사랑하는 아내의 20년간의 투병 생활을 내조했습니다.

이러한 삶을 살아온 교수님의 행복한 인생, 귀한 인생의 정의가 무엇일까요? 앞의 글을 통해서도 알 수 있듯이, 교수님은 행복이 성공과 유명세와 관련되어 있다고 생각하지 않습니다. 행복은 최선을 다하는 삶의 태도에 있다는 것입니다. 그리고 자신을 위한 삶보다는 다른 사람들을 위하는 삶이 가치 있는 삶이라고 이야기합니다. 이러한 흔들림 없는 마음가짐이 오늘날 자신뿐 아니라 자녀들과 손자손녀들에게 바라는 것이며, 더 나아가 모두를 위한 기도라고 생각합니다.

갈렙이 하나님이 주신 비전을 품고 흔들림 없이 가나안을 향해 나아 갔듯이, 김형석 교수님이 100년의 삶을 살며 교육자로서, 저술가로서 그리고 신앙인으로서 흔들림 없이 하나님의 뜻을 품고 살아오셨던 것같이 저 또한 하나님이 주신 학교의 비전을 품고 하루하루 정진하고 있습니다. 하나님이 제게 주신 비전은 첫째, 하나님의 말씀과 예수 그리스도의 보혈의 능력으로 깨끗하고 정결하며 순결한 학교를 만들어 하나님의 영광이 되는 것입니다. 둘째, 학교의 모든 구성원이 기도로 세워지고 예수 그리스도의 온전한 제자로 성장하는 것입니다. 셋째, 모든 재학생과 동문이 주님 오시는 그날까지 민족 복음화와 세계 복음화에 앞장서도록 돕고 섬기는 것입니다. 한국과 세계 열방을 향해 선한 영향력을 행사하고 하나님의 길을 제시하는 학교를 꿈꾸며 한 걸음, 한 걸음 흔들림 없이 나아가고자 노력하고 있습니다.

온전한 따름만이 약속의 땅을 얻게 한다

여호수아 하면 여리고 성 정복이 떠오르고, 아브라함 하면 믿음의 아버지가 떠오르며, 다윗 하면 하나님의 마음에 맞는 자라는 사실이 떠오릅니다. 그렇다면 갈렙 하면 무엇이 떠오를까요? 바로 '온전히'(wholeheartedly)입니다. 이 단어는 민수기, 신명기, 여호수아서에서 갈렙을 대표하는 특성으로 여섯 차례 쓰였습니다. 한글 성경에는 '여호와께 충성하다, 여호와를 온전히 좇다, 온전히 순종하다, 온전히 따르다' 등으로 번역되었습니다. 영어 단어 wholeheartedly를 보면 whole(온전한)과 heart(마음)가 합쳐져 있는 것을 볼 수 있습니다. 즉, 온 마음을 다해,

나뉘지 않은 마음으로 하나님을 따랐다는 뜻입니다.

예를 들어, 생일 선물로 운동화를 받았는데 운동화 끈이 없다면 어떻겠습니까? 온전한 기쁨을 누리지 못할 것입니다. 왜냐하면 온전한 선물이 아니기 때문입니다. 복숭아를 맛있게 먹고 있는데 과육에서 벌레를 발견합니다. 먹었던 것도 뱉어 내고 싶은 심정이 될 것입니다. 벌레와 나누어 먹었기 때문입니다. 세상에서 아빠가 최고라던 딸이 어느새 자라서 아빠는 잊고 남자 친구와만 통화합니다. 바라보는 아빠의 마음이 착잡합니다. 그 남자 친구는 아빠에게 도둑이나 다름없습니다. 딸의 마음을 가져가 버렸기 때문입니다.

성경은 "한 사람이 두 주인을 섬기지 못할 것"(마 6:24)이라고 말씀합니다. 과연 우리 마음이 하나님에게 온전히 속해 있는지, 아니면 다른 것을 품고 있는지 살펴보십시오. 단 1퍼센트라도 다른 것을 섬긴다면 하나님이 보시기에 온전하지 않은 마음입니다. 그 1퍼센트는 돈이 될 수도 있고, 자녀나 지식이나 욕망이나 자기 자신일 수도 있습니다. 하나님만 따르겠다고 고백한 후에도 자기 생각대로 살고 있지는 않습니까? 하나님에게 충성을 맹세하고선 자기 편한 대로만 충성하지는 않습니까? 하나님을 좇겠다고 고백하고는 눈에 보이는 세상을 좇고 있지는 않습니까?

그런데 사람이 어떻게 온전히 하나님만 따를 수 있을까요? 갈렙에게서 실마리를 찾을 수 있습니다.

"그러나 내 종 갈렙은 그 마음이 그들과 달라서 나를 온전히 따랐은즉 그가 갔던 땅으로 내가 그를 인도하여 들이리니 그의 자손이 그 땅을 차지

하리라"(민 14:24).

성경은 갈렙의 마음이 다른 이스라엘 백성과 달랐다고 말씀합니다. 바로 하나님의 마음을 가졌던 것입니다. 세상과는 다른 마음, 곧 주님의 마음을 닮아 있었습니다. 갈렙은 세상에 속하지 않고 오직 하나님의 마음을 따라 사는 사람이었습니다.

그렇다면 어떻게 해야 세상과 구별된 '다른 마음'을 가질 수 있을까요? 우리 힘으로는 가질 수 없습니다. 성령의 도우심이 필요합니다. 성령은 예수님을 믿고 주로 고백하는 자에게 오십니다. 예수님을 사랑하는 자에게 성령이 충만히 임하십니다. 성령 충만이란 순간순간 자신의 연약함과 허물을 겸손히 고백하며, 하나님의 말씀에 순종하기를 결단하고 행동함으로써 성령의 열매를 맺으며 사는 것입니다. 성령 충만은 예수 그리스도가 내 삶의 주인이 되시는 것입니다.

세상과 다른 마음을 가질 때 하나님을 온전히 따를 수 있을 뿐만 아니라 세상을 이길 힘을 얻습니다.

함께하신다는 믿음으로 강하고 담대하라

가나안에 입성한 후 갈렙이 여호수아에게 요구한 헤브론 땅은 45년 전에 열두 명의 정탐꾼이 처음으로 발을 디뎠던 곳입니다. 그 땅은 젖과 꿀이 흐르는 비옥한 땅으로 산과 들에 과실이 풍부히 열리는 곳이었습니다. 그러나 아낙 자손 아히만과 세새와 달매가 살고 있었습니다(민 13:22 참조). 아낙 자손은 네피림의 후손으로 거인들이었습니다. 열 명의 정탐꾼들이 스스로 메뚜기같이 여기게끔 만든 것이 바로 그들이었습니다.

그러나 갈렙은 45년 전과 달라진 것이 하나도 없었습니다. "그곳에는 아낙 사람이 있고 그 성읍들은 크고 견고할지라도 여호와께서 나와 함께하시면 내가 여호와께서 말씀하신 대로 그들을 쫓아내리이다"(수 14:12)라고 당당하게 선언합니다.

어떻게 보면 갈렙이 고생을 사서 하는 것처럼도 보입니다. 가나안 땅이 얼마나 넓은데, 왜 굳이 거인들이 지키고 있는 땅을 정복하려고 하는 것일까요? 거인들을 무찌르기가 여간 어렵지 않을 텐데, 갈렙은 절대로 물러설 생각이 없어 보입니다. 하나님이 그에게 헤브론을 약속해 주셨기 때문입니다.

우리가 붙잡아야 할 약속의 땅은 무엇입니까? 정복해야 할 산지는 어디입니까? 멀리서 찾을 필요가 없습니다. 지금 있는 그 자리에서 하나님이 주신 사명을 담대하게 감당하는 것이 바로 약속의 땅을 쟁취하는 것입니다. 예배 자리에서, 기도 자리에서, 직장에서, 사업장에서, 학교에서, 가정에서 하나님의 말씀을 묵상하면서 그 자리에서 감당해야 할 사명을 이루어 가는 것입니다.

저도 제게 주어진 사명을 감당하기가 벅차고 두려울 때가 있습니다. 늘 깨어서 기도하지 않으면, 건강을 관리하지 않으면 안 된다는 것을 날마다 체험합니다. 특히 월요일에 출근하기 전에는 일찍 잠에서 깨어 말씀을 붙들고 기도합니다. "너희는 마음에 근심하지 말라 하나님을 믿으니 또 나를 믿으라"(요 14:1), "너희 염려를 다 주께 맡기라 이는 그가 너희를 돌보심이라"(벧전 5:7)를 붙들고, '나는 할 수 없으나 하나님은 하실 수 있으니 나를 도와주십시오. 불쌍히 여기시어 매순간 함께해 주십시오' 하고 기도한 후에 "내게 능력 주시는 자 안에서 내가 모든 것을 할 수 있느니라"(빌 4:13), "여호와는 나의 목자시니 내게 부족함이 없으리로다"(시 23:1)라는 말씀에 의지해서 마무리합니다.

마음을 강하고 담대하게 하지 않으면 사탄의 시험과 육신의 연약함이 치고 들어옵니다. 그럴 때마다 약할 때 강함 되시는 예수 그리스도를 붙잡고 다시 일어서야 합니다.

온전한 믿음으로 산지를 정복하라

초대 교회는 성도들이 매일같이 만나서 말씀과 기도와 떡을 나누었습니다. 한국 교회도 70-80년대에는 금요일마다 새벽까지 이어지는 온전한 철야 기도를 드리곤 했습니다. 수요일이면 수요 예배, 주일이면 주일 예배, 예배 후에는 산에 가서 기도하고, 아침 일찍 동네를 누비며 전도하기도 했습니다. 힘들고 피곤해도 영혼 구원을 위해서라면 기꺼이 헌신했습니다.

신앙생활이 편하고 안락하다면 한 번쯤 의심해 봐야 합니다. 성경은 갈렙 이후로 "그 땅에 전쟁이 그쳤더라"(수 14:15)라고 기록했습니다. 드디어 전쟁이 그쳤으니 잘된 일이 아닙니까? 그런데 사실은 기쁜 소식이 아닙니다. 오히려 매우 비참한 소식입니다. 가나안 땅에는 아직도 많은 이방 족속이 살고 있기 때문입니다. 하나님은 분명히 그들을 쫓아내고 그 땅을 기업으로 삼으라고 명령하셨습니다. 아직은 전쟁을 계속해야 할 때였던 것입니다. 하나님이 명령하신 정복을 아직 완수하지 못했습니다.

그런데도 이스라엘은 가나안 사람들을 쫓아내지 않은 채 그들을 노예로 삼거나 공물을 받기도 했습니다. 하나님의 말씀과 약속을 자기 편할 대로 해석하고 임의로 문제를 해결해 버린 것입니다. 그로 말미암아 이방인들로부터 끊임없이 공격받고, 이방 문화로 인해 영적 타락에 빠지게 되었으며, 결국 하나님의 심판을 초래하고 말았습니다.

우리는 마지막 때를 살고 있습니다. 눈에 보이지 않으나 분명히 존재하는 악한 영들과 어둠의 세력이 우리 앞을 가로막습니다. 세상은 나날이 타락하고, 갈수록 사탄이 발악할 것입니다. 성경이 그렇게 예언하고 있습니다.

바로 지금, 당신의 삶을 돌아보십시오. 정복해야 할 산지가 아직 남아 있지는 않습니까? 하나님의 능력으로 극복해야 할 육신의 습관이 있지는 않습니까? 말씀과 기도와 찬양으로 무너뜨려야 할 견고한 진이 있지는 않습니까? 다시금 마음을 다잡고 강하고 담대하게 나아가십시오. 예수님을 붙잡고 나아가면 분명히 도우실 것입니다. 하나님이 하실 것입니다. 하나님이 함께해 주실 것입니다.

성경은 "모든 지킬 만한 것 중에 더욱 네 마음을 지키라 생명의 근원이 이에서 남이니라"(잠 4:23)라고 충언합니다. 마음가짐이 곧 생사와 직결된다는 뜻입니다. 처음과 마지막이 한결같았던 믿음의 사람 갈렙의 마음을 본받아 변함이 없고, 하나님을 온전히 따르며, 강하고 담대한 마음의 소유자가 되기를 힘쓰십시오. 가정에서, 학교에서, 직장에서, 사업장에서 하나님이 주신 산지를 정복하며 하나님의 마음에 맞는 자로서 살아가기를 소망하십시오.

성령 충만이란 순간순간

자신의 연약함과 허물을 겸손히 고백하며,

하나님의 말씀에 순종하기를 결단하고 행동함으로써

성령의 열매를 맺으며 사는 것입니다.

14

살아나다

||||||||

죽은 믿음에 만족하지 말라

약 2:14-26

표준국어대사전 **살아나다**
"죽었거나 거의 죽게 되었다가 다시 살게 되다."

마틴 루터에게 야고보의 진심을 들려주다

사도 바울은 로마서 3장에서 유대인들이 내세우는 율법을 통한 의와 구원을 철저히 비판했습니다. 모든 사람은 오직 예수 그리스도 안에 있는 구속으로 말미암아 하나님의 은혜로 값없이 의롭다 함을 받았기 때문입니다(롬 3:22 참조). 마틴 루터도 로마서 3장 말씀을 근거로 '오직 믿음'이라는 종교 개혁을 외쳤습니다.

"그러므로 사람이 의롭다 하심을 얻는 것은 율법의 행위에 있지 않고 믿음으로 되는 줄 우리가 인정하노라"(롬 3:28).

종교 개혁이 일어나기 전 로마 교회의 상황은 말씀으로부터 멀리 떨어져 있었습니다. 말씀을 통해 믿음을 가르치기보다는 교회와 교황의 욕심을 채우기 위해 불법을 행하고, 헌금을 강요하며, 심지어 구원을 팔기까지 했습니다.

마틴 루터는 자기 자신에게 매우 엄격했습니다. 그는 자기 죄로 인해 진심으로 괴로워했고, 죄에서 자유롭기 위해 고행도 마다하지 않으며 무척이나 애썼습니다. 심지어 예배 시간에 실수로 동료 수도사의 발을 밟은 것까지도 철저히 회개하기 위해 회초리로 자기 발등을 피가 나도록 치기까지 했습니다. 신경통을 앓던 동료 수도사가 몸져누웠다는 소식을 듣고는 형제에게 무관심했던 것을 탄식하며 회초리로 자기 몸을 서른 번 내리치기도 했습니다.

믿음과 행위는 동전의 앞뒷면과도 같다

1511년 가을, 마틴 루터가 로마를 방문했습니다. 그곳은 성지와도 같았습니다. 특히 성 계단성당(Scala Sancta)은 예수님이 빌라도에게 재판을 받기 위해 오르셨던 계단을 예루살렘에서 로마로 옮겨 놓은 성지 중 성지였습니다. 수많은 순례자들이 그 계단에 입을 맞추고, 무릎 꿇은 채로 계단을 기어올랐습니다. 당연히 루터도 무릎을 꿇고 오르기 시작했습니다. 무릎이 까지고 피가 흘렀습니다. 그래도 꼭대기에 오르기만 하면 구원을 받는다는 말 때문에 모진 고통을 참았습니다. 그런데 갑자기 머릿속에 로마서 1장 17절 말씀이 떠올랐습니다.

"복음에는 하나님의 의가 나타나서 믿음으로 믿음에 이르게 하나니 기록
된바 오직 의인은 믿음으로 말미암아 살리라 함과 같으니라."

번개에 맞은 듯 믿음 외에는 죄에서 구원받을 길이 없다는 것을 깨닫
고는 그는 그 자리에서 벌떡 일어섰습니다. 마틴 루터는 사도 바울의 글
을 제대로 파악한 것입니다.

바울은 로마서 1-3장에서 하나님의 의, 즉 죄로부터의 구원은 예수 그
리스도를 믿는 믿음을 통해서만 가능하다는 것을 분명히 밝혔습니다.
아무리 선을 많이 베풀어도, 아무리 성격이 좋아도, 아무리 아는 게 많아
도, 예수 그리스도를 믿지 않으면 의롭다 함을 얻지 못한다는 것입니다.

"오직 믿음으로만 구원을 얻는다."

"믿기만 하면, 천국에 들어갈 수 있다."

이것만 전해도 복음을 다 전한 것 같습니다. 하지만 믿음을 좀 더 확
실히 이해하기 위해서는 야고보의 말도 들어 봐야 합니다.

마틴 루터는 야고보서 2장과 로마서 3장이 상충한다고 봤습니다. 사
실 야고보서를 별로 좋아하지 않았습니다. 심지어 1522년에 출간한 독
일어 신약성경의 서문에 사도 야고보를 무시하는 발언을 싣기도 했습
니다. 그러나 야고보는 예수님의 친형제이자 예루살렘교회의 핵심 인
물이었습니다(행 15:13 참조). 사도 바울도 야고보를 베드로, 요한과 함께
교회의 기둥으로 인정할 만큼 초대 교회에서 그의 영향력은 컸습니다
(갈 2:9 참조).

야고보가 대체 무슨 말을 했기에 마틴 루터가 그를 무시했던 것일까

요? 야고보서 2장을 얼핏 보면, 믿음 하나만으로는 구원을 얻을 수 없다는 것으로 보입니다. "행함으로 믿음이 온전하게"(약 2:22) 된다고 했으니, 구원을 받으려면 행함이 필요하다는 것처럼 들립니다. 그것도 한 번이 아니라 세 번에 걸쳐서(17절, 20절, 26절) '행함이 없는 믿음은 죽은 것'이라고 못을 박았습니다.

야고보는 사도 바울과 대립하는 말을 하고 있는 것일까요? 전혀 그렇지 않습니다. 오히려 연관성이 있습니다. 이들의 관계는 동전의 양면과도 같습니다. 사도 바울이 구원받기 전의 믿음에 관해 말하고 있다면, 야고보는 구원받은 후의 믿음에 관해 설명하고 있습니다. 그 둘은 분리할 수 없습니다.

즉, 야고보는 오직 믿음으로 구원을 받은 후에는 과연 어떤 믿음으로 살아가야 하는지를 가르쳐 준 것입니다. 내내 살아 있는 믿음인지, 아니면 겉으로만 번지르르한 죽은 믿음인지를 점검해야 합니다. 늘 믿음의 현주소를 짚어 봐야 한다는 뜻입니다.

행함으로 온전해지는 믿음

야고보는 죽은 믿음의 두 가지 모습과 살아 있는 믿음의 모델을 제시합니다.

첫째, 죽은 믿음은 행함 없는 믿음입니다.

"만일 형제나 자매가 헐벗고 일용할 양식이 없는데 너희 중에 누구든지 그에게 이르되 평안히 가라, 덥게 하라, 배부르게 하라 하며 그 몸에 쓸 것을 주지 아니하면 무슨 유익이 있으리요 이와 같이 행함이 없는 믿음은 그 자체가 죽은 것이라"(약 2:15-17).

구제를 어떻게 해야 하는지를 가르치는 말이 아닙니다. 한마디로 행함이 없는 믿음은 있을 수 없다고 말한 것입니다. 초대 교회는 과부와 어려움에 처한 성도들을 돌보는 데 솔선수범했습니다. 열심히 복음을 전파했고, 선행도 많이 베풀었습니다. 그러니 형제자매가 헐벗고 있는데 아무런 도움도 주지 않는다는 것은 있을 수 없는 일이었습니다. 즉, 행함이 없는 믿음이란 이해될 수 없고, 있을 수도 없다는 것입니다.

지금으로부터 약 40년 전, 제가 초등학교에 입학하기도 전의 일입니다. 유치부 여름성경학교에서 봤던 인형극이 지금도 생생하게 기억납니다. 어린이전도협회 회장을 역임한 강갑중 목사님이 당시 교육 목사로 섬기며 주일학교의 부흥을 이끌었습니다. 인형극을 보고 난 후 전해진 설교를 통해 믿음과 행함에 관해 조금이나마 이해할 수 있었습니다.

그때 봤던 인형극은 누가복음 10장의 선한 사마리아인 비유였습니다. 어떤 율법 학자가 예수님을 시험하려 '선생님, 내 이웃이 누구입니까?' 하고 묻자 예수님은 강도 맞은 사람의 비유로 대답하셨습니다. 제사장도 레위인도 길에 쓰러진 사람을 피해서 지나갔습니다. 사마리아인만이 그를 보고 불쌍히 여겨 상처를 치료한 후 자기 짐승에 태워 여관으로 데려가 보살펴 주었습니다. 그다음 날 길을 떠날 때 강도 맞은 사람의 치료비를 여관 주인에게 맡기고, 모자라면 더 지불할 테니 잘 돌봐 달라고 부탁했습니다.

제사장과 레위인은 종교인이면서도 행함이 없는 믿음의 소유자들이었습니다. 예수님은 그런 이들을 뭐라 부르셨습니까? "회칠한 무덤"(마 23:27), "독사의 자식들"(마 12:34)이라고 하셨습니다. 말 그대로 죽은 믿음이요, 죽이는 믿음입니다. 하지만 우리에게 필요한 것은 살아 있는 믿음, 살리는 믿음입니다.

둘째, 반쪽짜리 믿음은 죽은 믿음입니다.

"어떤 사람은 말하기를 너는 믿음이 있고 나는 행함이 있으니 행함이 없는 네 믿음을 내게 보이라 나는 행함으로 내 믿음을 네게 보이리라 하리라 네가 하나님은 한 분이신 줄을 믿느냐 잘하는도다 귀신들도 믿고 떠느니라 아아 허탄한 사람아 행함이 없는 믿음이 헛것인 줄을 알고자 하느냐"(약 2:18-20).

야고보는 마치 믿음과 선행을 구분할 수 있는 것처럼 말합니다. 하지만 그 둘은 동전의 양면처럼 한쪽 면이 없으면 아무런 가치가 없습니다. 믿음은 사탄도 있습니다. 우리보다도 먼저 하나님을 알았고, 예수님을 알았고, 인류 역사의 시작부터 존재해 왔었기에 인간에 관해서 모르는 게 없습니다. 믿음이 하나님을 아는 지식에서 비롯된다면 사탄처럼 믿음이 좋은 피조물도 없을 것입니다. 하지만 하나님 앞에 떠는 사탄에게 믿음이 좋다고 하지는 않습니다. 성경 지식이 뛰어나고 말씀을 아무리 달달 외워도 하나님이 기뻐하시는 믿음을 가졌다고 말할 수는 없습니다.

셋째, 살아 있는 믿음에는 행함이 따릅니다.

"우리 조상 아브라함이 그 아들 이삭을 제단에 바칠 때에 행함으로 의롭다 하심을 받은 것이 아니냐 네가 보거니와 믿음이 그의 행함과 함께 일하고 행함으로 믿음이 온전하게 되었느니라 이에 성경에 이른 바 아브라함이 하나님을 믿으니 이것을 의로 여기셨다는 말씀이 이루어졌고 그는 하나님의 벗이라 칭함을 받았나니 이로 보건대 사람이 행함으로 의롭다 하심을 받고 믿음으로만은 아니니라 또 이와 같이 기생 라합이 사자들을 접대하여 다른 길로 나가게 할 때에 행함으로 의롭다 하심을 받은 것이 아니냐 영혼 없는 몸이 죽은 것같이 행함이 없는 믿음은 죽은 것이니라"(약 2:21-26).

야고보는 두 명의 믿음의 조상을 통해 살아 있는 믿음이 무엇인지를 보여 줍니다. '믿음' 하면 아브라함을 꼽을 수 있습니다. 그는 자신의 외동아들 이삭을 번제로 바치려 할 정도로 하나님에게 순종했습니다. 믿음이 살아 있기에 가능한 행동이었습니다. 아브라함이 하나님을 이삭을 다시 살릴 수 있는 분으로 믿지 않았다면 100세에 어렵게 얻은 아들을 어떻게 번제로 바치려 했겠습니까? 어떻게든지 죽기 살기로 피하려고 했을 것입니다. 그러나 아브라함은 하나님의 말씀이 떨어지기 무섭게 즉시 행동으로 옮겼습니다. 살아 있는 믿음이었기에 행동이 뒤따른 것입니다.

바울도 아브라함의 믿음을 예로 들어 말합니다.

"성경이 무엇을 말하느냐 아브라함이 하나님을 믿으매 그것이 그에게 의로 여겨진바 되었느니라 일하는 자에게는 그 삯이 은혜로 여겨지지 아니하고 보수로 여겨지거니와"(롬 4:3-4).

그런데 이 말씀은 "이로 보건대 사람이 행함으로 의롭다 하심을 받고 믿음으로만은 아니니라"(약 2:24)라고 한 야고보의 말과 충돌하는 것처럼 보일 수 있습니다. 하지만 그렇지 않습니다.

사도 바울은 아브라함이 하나님을 알기도 전부터, 율법이나 할례도 없을 때에 이미 하나님이 그를 택해 부르셨기 때문에 하나님이 모든 일을 하셨고 아브라함은 그저 믿음으로만 의롭다 함을 얻었다고 말합니다. 유대인들이 그렇게 내세우는 모세의 율법을 지키고 안 지키고는 상관없다는 뜻입니다. 이것이 믿음의 한 면이라고 할 수 있습니다.

야고보는 그와 반대되는 면을 지적하는데, 믿음이 진짜라면 행함이 같이 가게 되어 있다고 말합니다. 행함이 없는 믿음은 진짜가 아니기에 온전한 구원에 이르지 못한다는 것입니다. 그러면서 기생 라합을 예로 들었는데, 그가 이스라엘의 하나님을 믿지 않았다면 정탐꾼들을 숨겨 줬을 리가 없습니다. 살아 있는 믿음이 있기에 가능했습니다. 라합은 이스라엘인도 아니고 아브라함처럼 하나님이 그녀에게 나타나시지도 않았지만, 이스라엘의 출애굽과 하나님이 이스라엘을 위해 행하신 모든 일을 전해 듣고 여호와가 창조주이심을 믿었습니다. 비록 여리고 성 출신이긴 했지만, 여호와의 편에 서기로 함으로써 자신과 가족 모두가 구원을 얻었습니다.

선한 행실의 열매를 맺으라

살아 있는 믿음이란 아브라함처럼 외아들을 번제로 바치려고 할 때나 라합처럼 목숨을 걸고 하나님 백성의 목숨을 구해 줄 때만 필요한 것은 아닙니다. 물론 어떤 상황에서는 큰 믿음이 요구되기도 합니다. 믿음의 조상들은 믿음을 지키기 위해 죽음도 불사했습니다.

그러나 야고보는 믿음을 추상적인 것으로만 보지 않았습니다. 하나님이 원하시는 믿음은 실전임을 강조했습니다. 즉, 야고보서 2장을 사이에 두고, 이전에는 사랑하는 형제자매들에게 부자와 가난한 자를 차별대우하지 말라고 당부하고, 이후에는 믿음의 형제자매들에게 말조심할 것과 예수 그리스도를 통해 받은 사랑과 은혜가 일상생활 속에서 믿음의 증거로서 선한 행실로 나타나야 한다고 말했습니다. 살아 있는 믿음은 삶의 모든 면에서 선한 행실과 의의 열매와 성령의 열매를 맺는다는 것입니다.

결론적으로, 성도의 모든 행위는 예수 그리스도를 믿는 믿음으로부터 시작됩니다. 제아무리 선한 일을 도모한다고 해도 믿음이 없으면 일반 자선 단체와 다를 게 없습니다. 믿음이 있다고 아무리 자신 있게 말해도, 선한 행위가 없다면 영혼 없는 몸이나 마찬가지입니다. 자신을 스스로 속이고 있는 셈입니다.

자신의 믿음이 살아 있는 믿음인지 스스로 점검해 보십시오. 나의 말과 행동이 이웃과 형제자매에게 예수 그리스도를 전하는 도구가 되는지, 아니면 아무런 유익도 주지 않을 뿐만 아니라 오히려 독이 되고 있지는 않은지 점검해 보십시오. 자신의 선한 행실이 예수 그리스도를 향한 사랑과 베푸신 은혜에 감사하는 마음에서 나온 것인지, 아니면 사람들에게서 인정받고 자기 영광을 높이기 위해 선하게 행동한 것인지 분별하십시오. 형제자매에게 말로만 믿음을 가르치고 모범적인 행동은 하지 않았는지를 스스로 살펴보십시오.

저의 영적 스승이자 멘토이신 고(故) 석태운 목사의 천국 환송 예배에 참석하기 위해 미국 LA에 다녀온 일이 있습니다. 총 70시간의 여행이었는데, 오고가는 비행시간만 40시간이었습니다. LA로 향할 때 중간에 한 번 갈아탔는데, 그때 옆 좌석에 한국인 자매가 탔습니다. 미국의 명문 대학 UCLA에서 생물학을 공부하고 있는 학생이었습니다. 학생이 먼저 "혹시 목사님 아니세요?" 하고 말을 걸어 왔습니다. 알고 보니 의료 선교를 꿈꾸는 성실한 그리스도인이었습니다. 그 학생과 말씀 묵상, 기도, 찬양 등에 관해 이야기를 나누었는데, 한 가지 간증을 들려주었습니다.

그로부터 1년여 전, 한국에 잠시 다녀오는 길에 늦은 밤 LA공항 출입국에서 비자 때문에 감금당했다가 한국으로 출국 조치되었다고 합니다. 사방이 꽉 막힌 방에 감금되어 있었는데, 너무나 힘들었지만 오히려 하나님에게 감사 기도를 드렸다고 합니다. 잠시 후 미국 경찰에게 심문받을 땐 영어 이름을 말하니 그리스도인이냐고 묻고는 한결 부드럽게 대하기 시작했다고 합니다. 한국으로 되돌아올 수밖에 없기는 했지만, 한 학기 후에 다시 미국에 와서 공부할 수 있었다고 합니다.

그런데 바로 얼마 전에 한국에 계신 어머니에게서 아버지가 뇌졸중으로 쓰러지셨다는 소식을 전해 듣고는 부랴부랴 한국에 갔다가 3주 만에 미국으로 돌아가는 길이라고 했습니다. 사업에 실패해서 당시 택시 운전을 하던 중에 쓰러지신 것이었습니다. 자매는 3주 내내 아버지에게 〈주가 일하시네〉라는 찬양을 계속 들려드리면서 '하나님이 아빠를 반드시 살려 주실 것'이라고 말해 주었다고 합니다. 그 곡의 가사는 이렇습니다.

"날이 저물어 갈 때 빈들에서 걸을 때 그때가 하나님의 때
내 힘으로 안 될 때 빈손으로 걸을 때 내가 고백해 여호와 이레
주가 일하시네 주가 일하시네 주께 아끼지 않는 자에게
주가 일하시네 주가 일하시네 신뢰하며 걷는 자에게"

_ 김브라이언, 〈주가 일하시네〉

결국 자매의 간절한 바람과 믿음대로 하나님이 아버지를 살려 주셨다고 합니다.

사람들은 저마다 삶의 어려움을 하나쯤은 품고 살아갑니다. 남모르는 아픔에 몰래 눈물 흘리기도 하고, 재정적인 어려움으로 고통을 겪을

수도 있습니다. 건강이 안 좋거나 자녀가 속을 썩이는 바람에 약을 달고 사는 사람도 있을 수 있습니다. 어떤 상황에 처해 있든지 믿음을 잃지 마십시오. 주님이 일하십니다. 주님에게 아낌없이 드리는 자를 위해 주님이 일하십니다. 주를 신뢰하며 걷는 자를 위해 주님이 일하십니다. 눈앞에 놓인 문제로 인해 두렵고 떨릴지라도 하나님을 신뢰하며 걸어가십시오.

살아 있는 믿음은 삶의 모든 면에서
선한 행실과 의의 열매와
성령의 열매를 맺습니다.

5부

영광을
돌리다

Only Glory to God

15

높이다

|||||||||

하나님은 겸손의 무릎을 높이신다

시 8편, 히 2장

표준국어대사전 **높이다**

"지위나 신분 등을 보통보다 위에 있게 하다."

창조주 하나님을 찬양하라

　유대인들은 시편을 무척 좋아합니다. 독실한 이들은 통째로 외우기도 합니다. 시편은 신·구약을 통틀어 가장 긴 책이며, 신약에서 가장 많이 인용된 구약 책으로도 알려져 있습니다. 마틴 루터는 시편을 '성경의 축소판'이라고 불렀는데, 그만큼 시편은 각기 다른 시대적 배경에서 다양한 주제로 쓰였습니다. 하지만 큰 주제는 하나인데, 바로 '하나님을 향한 찬양과 경배의 고백'입니다.

　그중에서도 시편 8편은 하나님이 창조하신 놀라운 세계를 보고 경탄하며 연약한 인간에게 만물을 다스리는 사명을 주신 하나님에게 감사하는 내용으로 이루어져 있습니다. 이 짧은 시를 통해 오직 하나님에게 영광을 올려 드리는 마음을 살펴볼 수 있습니다.

다윗의 시 구조를 보면 대개 처음과 마지막 구절이 동일합니다. 처음과 마지막을 같게 함으로써 시편 전체의 주제를 강조하는 것입니다. 시편 8편의 구조도 마찬가지입니다. "여호와 우리 주여 주의 이름이 온 땅에 어찌 그리 아름다운지요"라는 구절로 1절과 마지막 9절이 똑같이 반복되고 있습니다.

주의 위대하심을 찬양하라

유대인들도 우리처럼 이름을 매우 중요하게 여기며 신중하게 고릅니다. 아이에 대한 바람을 담고 의미를 부여해서 이름을 짓습니다. 그러나 하나님의 이름은 그저 하나님 자신을 의미합니다. '주의 이름이 아름답다'는 것은 곧 '하나님이 아름답다'는 뜻으로 이해할 수 있습니다.

여기서 우리는 하나님의 영광에 관한 진리를 발견합니다. 첫째, 하나님의 영광은 그 이름을 통해 나타난다는 사실입니다(In His name). 우리말로는 '아름답다'로 번역되었지만, 영어 성경은 '장엄하다, 위풍당당하다'라는 뜻의 'majestic'으로 번역했습니다(NIV, NASB). 'Majestic'의 명사형 'majesty'가 '장엄함, 위풍당당함'이란 뜻과 함께 '폐하, 왕권'이라는 뜻도 있는 것으로 보아 하나님의 권위에 더 어울리는 표현인 것 같습니다. 그래서 저는 '주의 이름이 온 땅에 어찌 그리 아름다운지요'보다는 '주의 이름이 온 땅에 어찌 그리 위대하신지요'로 번역하는 게 더 적절하다고 생각합니다.

시편 기자는 무엇의 위대함을 노래하는 것일까요? 주님이 행하신 일이나 업적이 아닙니다. 사실 하나님의 위대하심을 나타내는 데는 하나님 자신 외에 다른 것은 필요치 않습니다. 심지어 인간이 없을지라도 돌들이 주님의 영광을 외칠 것이기 때문입니다. 혹시 그 돌들마저 없을지라도 하나님의 위대하신 영광은 줄어들거나 사라지지 않습니다.

하나님의 영광은 추상적인 개념이면서 동시에 실제적인 모습이기도 합니다. 이스라엘 백성은 광야에서 하나님의 영광을 개념적으로 이해한 것만이 아니라 실제적인 모습으로도 체험했습니다. 그들은 하나님의 영광이 구름 속에 나타나는 것을 목격했고, 시내 산 위에 엿새 동안 머물러 있는 것도 봤습니다. 하나님의 영광은 타오르는 불처럼 보이기도 하고, 성막을 가득 채우는 구름처럼도 보였습니다. 모세가 하나님과 대면하며 하나님의 영광을 보게 해 달라고 구했을 때, 하나님은 등을 보이며 지나가셨습니다. 이처럼 모세와 이스라엘 백성에게 하나님의 영광은 추상적인 개념이 아닌 몸으로 느끼고 체험할 수 있는 실제적인 것이었습니다.

실제적으로도 추상적으로도 온 땅 위에 영광 받기 합당하신 분이 어린아이와 젖먹이들을 통해 권능을 나타내십니다.

"주의 대적으로 말미암아 어린아이들과 젖먹이들의 입으로 권능을 세우심이여 이는 원수들과 보복자들을 잠잠하게 하려 하심이니이다"(시 8:2).

연약한 어린아이라도 주님이 세우시면 제아무리 강한 원수가 들이닥

처도 잠잠케 할 수 있습니다. 할렐루야!

둘째, 하나님의 영광은 그가 지으신 우주 만물을 통해 나타납니다(In the heavens).

"주의 영광이 하늘을 덮었나이다"(시 8:1).

"주의 손가락으로 만드신 주의 하늘과 주께서 베풀어 두신 달과 별들을 내가 보오니"(시 8:3).

다윗은 밤하늘을 올려다보다가 하나님의 영광을 발견했습니다. 어쩌면 잠이 오지 않는 밤에 쓴 시인지도 모릅니다. 그 밤은 유난히도 맑았나 봅니다. 구름 한 점 없고 안개도 드리우지 않은 맑은 밤하늘을 상상해 보십시오. 얼마나 아름다울까요? 밤하늘에 다이아몬드가 촘촘하게 박힌 듯한 광경이 아니었겠습니까? 밝은 달도, 반짝이는 별도 세상에 하나님의 영광의 빛을 발하고 있었을 것입니다.

도시에서만 자란 탓에 이런 광경이 머릿속에 잘 그려지지 않습니다. 하지만 대자연 앞에서 하나님의 위대하심을 느낀 적은 있습니다. 처음 미국에 갔을 때 그랜드캐니언(Grand Canyon)까지 밤새 운전해서 갔습니다. 그곳에서 새벽 동틀 때 보았던 풍광을 지금도 잊을 수가 없습니다. 입에서 찬송이 절로 나왔습니다. "주 하나님 지으신 모든 세계 내 마음 속에 그리어 볼 때 … 주님의 높고 위대하심을 내 영혼이 찬양하네"(새찬송가 79장). 그 순간 존귀와 영광이 무엇인지 알 것 같았습니다.

하나님은 있는 그대로 영광 받기에 합당하십니다. 온 세상이 하나님의 영광을 드러내고 있습니다. 하지만 자연은 하나님의 영광을 드러낼 뿐, 그 이상의 것은 할 수 없습니다. 하나님의 영광은 인류를 통해 이루어집니다.

셋째, 하나님의 영광은 인류를 통해 나타납니다(In mankind).

"사람이 무엇이기에 주께서 그를 생각하시며 인자가 무엇이기에 주께서 그를 돌보시나이까 그를 하나님보다 조금 못하게 하시고 영화와 존귀로 관을 씌우셨나이다 주의 손으로 만드신 것을 다스리게 하시고 만물을 그의 발아래 두셨으니"(시 8:4-6).

시편 8편 1-9절 중에서 중간 부분이 핵심입니다. 다윗은 밤하늘의 수많은 별을 보며 온 우주를 상상하고, 자신을 돌아보면서 매우 당연한 결론에 이르게 되었습니다. '아! 나는 저 광대하고 넓은 우주에 비하면 정말 작고 초라한 존재에 불과하구나. 무수히 많은 별 중의 하나보다도 나은 것이 있을까?' 그러면서 자연스럽게 하나님에게 '내가 무엇이기에 주님이 나를 생각하고 돌봐 주십니까?' 하고 물을 수밖에 없게 되었습니다. 넓고 넓은 우주 속에 티끌 같은 존재인 인간을 창조주 하나님이 생각하고 돌봐 주십니다. 하나님은 인자하며 자비로우신 분임을 고백할 수밖에 없습니다.

예수 그리스도의 영광을 찬양하라

다윗은 정치는커녕 세상 물정도 모르던 어린 시절에 사무엘 선지자를 만났습니다. 양들 틈에서 먹고 마시고 자기도 했던 작은 목동을 여호와가 이스라엘의 왕으로 삼겠다고 하셨습니다. 기름부으심이 있던 날부터 하나님의 영이 그와 함께하시니 다윗의 삶은 하루하루 달라져 갔습니다. 하나님의 영이 함께하시니 사자나 곰이 무섭지 않았고, 블레셋 거인 골리앗도 두렵지 않았습니다. 장성해서 이스라엘의 군사를 이끄는 장군이 되었고, 왕의 사위까지 되어 날로 승승장구했습니다.

하나님의 영이 함께하셨기에, 사울 왕이 다윗을 죽이려고 작정하고 쫓을 때 그를 피해 숨어 다니면서도 사울 왕을 미워하거나 저주하지 않을 수 있었습니다. 위험할 때마다 하나님이 그를 지켜 주셨고, 죽음의 위기에서도 건져 주셨습니다.

정작 불쌍한 사람은 왕궁에 사는 사울 왕이었습니다. 하나님의 영이 그를 떠나셨기 때문입니다. 다윗의 장인 사울은 정말 대단한 사람이었습니다. 다윗은 하나님이 선택하시고 사무엘이 기름 부은 이스라엘의 초대 왕 사울을 소년 시절부터 존경해 왔습니다. 다른 사람보다 어깨 위로 키가 큰데다 외모가 준수해서 이스라엘을 대표하기에 부족함이 없어 보였습니다. 그러나 사울은 하나님의 사람이 되기에는 교만하고 태만했습니다. 그는 결국 하나님에게 버림받았습니다.

다윗은 하나님이 사울 왕 대신에 자신을 택하고 함께하며 돌보신 것에 놀라고 감사했습니다. 그는 자연 만물에서 하나님의 영광을 발견하며 창조주 하나님의 아름다움을 노래했습니다.

다윗이 노래한 시편 8편은 히브리서에서 그 내용이 좀 더 확장되었습니다.

"오직 우리가 천사들보다 잠시 동안 못하게 하심을 입은 자 곧 죽음의 고난 받으심으로 말미암아 영광과 존귀로 관을 쓰신 예수를 보니 이를 행하심은 하나님의 은혜로 말미암아 모든 사람을 위하여 죽음을 맛보려 하심이라 그러므로 만물이 그를 위하고 또한 그로 말미암은 이가 많은 아들들을 이끌어 영광에 들어가게 하시는 일에 그들의 구원의 창시자를 고난을 통하여 온전하게 하심이 합당하도다"(히 2:9-10).

히브리서 기자는 예수 그리스도가 인간의 모습으로 내려와 죽음의 고통을 감당하시고, 시편 8편을 성취하며 영광을 받으셨다는 놀라운 사실을 고백하고 있습니다. 아직까지는 만물이 주님에게 복종하는 것을 보지 못하지만(히 2:8 참조), 그날은 속히 올 것이며, 그날에 하나님의 자녀 된 자들도 그 영광으로 들어갈 것을 확신합니다. 또한 예수 그리스도의 희생을 통해 하나님을 믿는 자들은 예수 그리스도와 같은 영광을 누리게 될 것을 말해 줍니다. 예수님이 부활의 첫 열매가 되신 것처럼 우리 영광의 첫 열매가 되어 주신 것입니다.

히브리서는 예수 그리스도를 "하나님의 영광의 광채시요 그 본체의 형상"(히 1:3)으로 묘사합니다. 한마디로 영광이 곧 예수님의 속성임을 고백한 것입니다.

우리는 영광의 순간을 고대하며 어떻게 살아야 할까요? 하나님의 이름을 높여 드리는 기도와 찬양과 언어를 생활화해야 합니다. 하나님은 홀로 영광 받기에 합당하신 분입니다. 이것이 그분의 속성입니다. 매일 기도할 때마다, 찬양할 때마다 하나님의 이름을 높여 드리십시오. 주님의 이름을 송축하십시오. 영광 받기에 합당하신 주님을 입술로 고백하며 살아가십시오. 무엇보다도 하나님의 영광스러운 작품들을 누리며 사십시오. 바쁘게 살다 보면 눈을 들어 하늘을 볼 마음의 여유조차 없어집니다. 그러나 한 달에 단 하루라도 하나님의 영광을 드러내는 자연을 느껴 보십시오.

'웨스트민스터 소요리 문답'(Westminster Shorter Catechism) 제1문은 '사람의 제일 되는 목적이 무엇입니까?'이고, '사람의 제일 되는 목적은 하나님을 영화롭게 하고 하나님을 영원토록 즐거워하는 것입니다'가 답입니다. 그렇습니다. 우리의 제1목적은 하나님을 영화롭게 하고 영원토록 즐거워하는 것입니다. 이 세상의 삶은 주님을 영원토록 즐거워하기 위한 준비 과정일 뿐입니다.

바흐(Bach)는 종교 음악뿐 아니라 세속 음악에도 악보마다 'S. G. D.'라는 사인을 남겼다고 합니다. '오직 하나님에게 영광'이란 뜻의 라틴어 'Soli Gloria Deo'의 약자입니다. 그는 자신의 은사를 통해 하나님에게 영광을 돌리며 살다가 영원한 영광으로 들어갔습니다.

우리는 어떻게 살아야겠습니까? 사도 바울은 "그런즉 너희가 먹든지 마시든지 무엇을 하든지 다 하나님의 영광을 위하여 하라"(고전 10:31)고 권면합니다. 우리가 하는 모든 일이 하나님의 영광을 위한 것임을 기억하십시오.

거하다

||||||||

오늘 거하는 자리가 영광의 열매가 된다

요 15:1-8

표준국어대사전 **거하다**

"사람이 일정한 곳에 머물러 살다."

예수님에게 붙어 영광의 열매를 맺으라

유월절에 예수님은 제자들과 마지막 만찬을 나누셨습니다. 그것이 마지막이 될 줄은 아무도 몰랐습니다. 가룟 유다가 예수님을 팔기 위해 만찬 자리를 뜨자 예수님은 "일어나라 여기를 떠나자"(요 14:31) 하시고 겟세마네로 향해 가시면서 제자들에게 여러 가지 이야기를 들려주셨습니다.

가장 먼저 들려주신 이야기는 참포도나무 비유입니다. 십자가를 지시기 전에 가룟 유다를 제외한 열한 제자에게 들려주신 말씀입니다. 그들은 포도나무에 관해 아주 잘 알았습니다. 어떻게 생겼으며 어떻게 가꾸어야 하는지, 품종마다 용도가 무엇인지까지 알았습니다. 예수님은 청중이 잘 아는 것으로 비유하시곤 했습니다.

포도나무는 성경에 자주 등장합니다. 대표적인 예로 "주께서 한 포도나무를 애굽에서 가져다가 민족들을 쫓아내시고 그것을 심으셨나이다"(시 80:8), "내가 내 포도원을 위하여 행한 것 외에 무엇을 더할 것이 있으랴 내가 좋은 포도 맺기를 기다렸거늘 들포도를 맺음은 어찌 됨인고"(사 5:4), "내가 너를 순전한 참종자 곧 귀한 포도나무로 심었거늘 내게 대하여 이방 포도나무의 악한 가지가 됨은 어찌 됨이냐"(렘 2:21) 등을 들수 있습니다.

포도나무는 대개 이스라엘을 상징합니다. 이사야는 "땅을 파서 돌을 제하고 극상품 포도나무를 심었도다 그중에 망대를 세웠고 또 그 안에 술틀을 팠도다 좋은 포도 맺기를 바랐더니 들포도를 맺었도다"(사 5:2) 하고 한탄하며, "무릇 만군의 여호와의 포도원은 이스라엘 족속이요 그가 기뻐하시는 나무는 유다 사람이라 그들에게 정의를 바라셨더니 도리어 포학이요 그들에게 공의를 바라셨더니 도리어 부르짖음이었도다"(사 5:7) 하고 슬퍼했습니다. 하나님이 '여호와의 포도원'인 이스라엘을 극진한 사랑으로 돌봐 주셨는데도 불구하고 그들이 죄악의 열매만을 맺은 것을 지적하신 말씀입니다.

이사야와 달리 예수님은 자기 자신을 '참포도나무'에 비유하셨습니다. '극상품 포도나무'이신 예수님에게 붙어 있으면 좋은 열매를 맺게 될 것입니다. 붙어 있어도 열매를 맺지 못하는 가지는 아버지가 제거해 버리실 것이며, 무릇 열매를 맺는 가지는 더 많은 열매를 맺게 하려고 깨끗하게 다듬으실 것입니다(요 15:2 참조).

한 통계에 따르면, 그리스도인 중에 구원은 받았지만 삶의 열매가 없는 사람이 60퍼센트 이상이라고 합니다. 열 명 중에 여섯 명꼴이라니 놀랍습니다. 열매가 없다고 구원도 없는 것은 아닙니다. 그러나 하나님은 믿는 자들에게 열매를 기대하십니다. 하나님의 영광을 위해 열매 맺는 삶을 사십시오.

스스로 열매 맺는 가지는 없다

그렇다면 하나님에게 영광이 되는 삶의 열매를 맺기 위해서는 어떻게 해야 할까요? 단계별로 살펴보면, 첫 번째 단계는 '주님 안에 거하기'입니다.

"내 안에 거하라 나도 너희 안에 거하리라 가지가 포도나무에 붙어 있지 아니하면 스스로 열매를 맺을 수 없음같이 너희도 내 안에 있지 아니하면 그러하리라 나는 포도나무요 너희는 가지라 그가 내 안에, 내가 그 안에 거하면 사람이 열매를 많이 맺나니 나를 떠나서는 너희가 아무것도 할 수 없음이라"(요 15:4-5).

예수님은 '내 안에 거하라'는 말씀을 계속해서 반복하십니다. 요한복음 15장 4절에서 10절까지 '거하라'라는 말이 계속해서 나옵니다. 그만큼 중요하다는 뜻입니다. 예수님 안에 거하라는 것은 예수님과 가까이, 즉 친밀한 관계를 유지하라는 뜻입니다.

가지는 혼자서 열매를 맺을 수 없습니다. 나무에서 분리되는 순간 말라 비틀어지게 되어 있습니다. 그런 나무로는 열매를 얻지 못할 뿐 아니라 가구를 만들 수도 없습니다. 잘해야 땔감으로나 쓰일 것입니다.

하지만 나무에 붙어 있는 가지는 다릅니다. 살아 있습니다. 그러니 열매를 맺을 수 있습니다. 귀중하게 다루어질 것입니다. 그러나 나무에 붙어 있다고 해서 다 똑같은 가지는 아닙니다. 주님과 지속적으로 교제하며 성장해 가는 가지만이 더욱더 풍성한 열매를 맺습니다.

포도는 손이 많이 가는 작물이라고 합니다. 심기만 하면 알아서 자라는 과일이 아닙니다. 첫 열매를 거두려면 3년을 기다려야 합니다. 농부가 3년 내내 지극정성으로 돌봐야 한다는 뜻입니다.

열매 맺는 가지가 되려면 거쳐야 하는 필수 과정이 있습니다. 바로 '제거'와 '깨끗케 함'입니다. 여기서 제거란 성한 가지를 싹둑 잘라 버리는 것이 아닙니다. 가지의 성장에 걸림돌이 되는 불필요한 것들을 잘라 낸다는 뜻입니다. 즉, 불순종에서 순종으로 가기 위해 죄를 제거하시는 단련의 단계로 볼 수 있습니다.

포도는 가지 중간에 열리는 게 아니라 끝에 열립니다. 포도 열매를 맺기 위해서는 가지 끝이 햇볕을 쬘 수 있도록 올려 줘야 합니다. 또한 포도나무 가지는 그냥 놔두면 땅에 떨어지고 맙니다. 혼자 힘으로 지탱할 수 없기 때문입니다. 그래서 울타리를 만들어 가지를 올려 줘야 합니다. 바람이 불거나 동물들이 건드러서 가지가 떨어지지 않도록 들어 올려 주어야 열매를 잘 맺을 수 있습니다. 요한복음 15장의 '제거'에는 '들어 올리다'라는 뜻도 포함되어 있습니다.

포도원을 지키시는 하나님은 성도들을 가만히 내버려 두지 않으십니다. 썩거나 떨어지지 않도록 계속 간섭하고, 보듬고, 자극하기도 하십니다. 처음에는 약한 방식으로 만지시지만, 그래도 순종하지 않고 죄의 길로 가려고 고집하면 더욱 강한 방식으로 간섭하십니다. 육체의 질병이나 어려움을 허락하시기도 합니다.

니느웨로 가서 말씀을 전하라는 하나님의 명령에 요나가 그 뜻을 거역하고 다시스로 도망했을 때, 하나님은 바다 위에 강한 바람을 보내시고, 바다 가운데서 큰 폭풍이 일어나 배가 부서지게 하시고, 그로 인해 뱃사람들이 요나를 바다로 던지게 하셨습니다. 그러나 큰 물고기를 예비하시어 그 배 속에서 3일간 머물게 하셨습니다. 죄악과 유혹으로부터 돌이킬 기회를 주신 것입니다.

열매 맺는 가지가 되기 위해 거쳐야 하는 또 다른 과정은 '깨끗케 함'입니다. 포도나무에 잎이 너무 무성하면 포도 열매가 제대로 자랄 수 없습니다. 그냥 놔두면 열매가 작아지고 맛이 떨떠름해집니다. 필요 없는 잎을 잘라 주고 가지를 깨끗하게 다듬어 주어야 좋은 열매를 맺을 수 있습니다. 이것이 이른바 가지치기입니다. 생산성을 높이기 위해 흔히 쓰는 방법인데, 가지치기를 잘해 줘야 가지와 잎에 영양분이 고루 흘러갑니다.

영적 가지치기는 정결케 하기 위한 징계를 말합니다. 성경은 "징계는 다 받는 것이거늘 너희에게 없으면 사생자요 친아들이 아니니라"(히 12:8)라고 말씀합니다. 또한 "무릇 징계가 당시에는 즐거워 보이지 않고 슬퍼 보이나 후에 그로 말미암아 연단 받은 자들은 의와 평강의 열매를 맺느니라"(히 12:11)고 말씀합니다. 그렇습니다. 하나님은 우리가 더 많은 열매를 맺기 위해서 징계하십니다. 볼품없는 원석을 깎아 내어 빛나는 다이아몬드로 만들듯이, 순금을 얻기 위해 금속덩어리를 풀무 불에 녹이듯이, 더 좋은 열매를 맺게 하려고 징계하십니다.

욥을 보십시오. 그는 순전하고 정직하며, 하나님을 경외하고 악을 멀리하는 사람이었습니다. 자녀가 열 명에 소유물이 많아 동방에서 가장 유복한 사람으로 꼽혔습니다. 그는 자신뿐 아니라 자녀들의 신앙 교육에도 특별히 주의를 기울이는 신실한 사람이었습니다. 무엇 하나 부족한 것이 없는, 거의 완벽에 가까운 인물이었습니다.

그러한 욥도 하루아침에 모든 자녀와 모든 소유를 잃었으며, 건강까지 잃는 시험을 받아 뼈를 깎는 고통을 겪어야 했습니다. 하나님은 그의 삶을 가지치기하셨으나, 결국 그는 잃었던 것의 두 배를 열매로 거두었습니다. 이렇게 징계처럼 보이는 가지치기 과정을 겪으면서도 주님을 부인하지 않고 끝까지 따르는 자가 진정으로 주님 안에 거하는 성도입니다.

예수님 안에 거하고 예수님에게 붙어 있어 열매를 맺는다는 것은 지속적으로 선한 행실을 한다는 것입니다. 선한 행실이 전도만을 뜻하지는 않습니다. 똑같은 일을 해도 예수님 안에서 하면 열매 맺는 선한 행실이 됩니다. 구제를 하든 기도를 하든, 금식을 하든 청소를 하든 상관없이 동일하게 적용됩니다. 이웃과 일터, 가정과 결혼 생활, 학교와 교회 어디서든지 하나님에게 영광이 되는 삶을 사는 것입니다.

주님 안에 거하는 자는 제거와 깨끗케 함이라는 두 가지 힘든 과정을 겪는다고 해서 낙심하지 않습니다. 왜냐하면 주님이 엄청난 약속을 주셨기 때문입니다.

열매 맺는 삶을 위한 기도

하나님에게 영광이 되는 삶의 열매를 맺기 위한 두 번째 단계는 '구하기'입니다.

"너희가 내 안에 거하고 내 말이 너희 안에 거하면 무엇이든지 원하는 대로 구하라 그리하면 이루리라"(요 15:7).

하나님의 말씀 안에 거하는 자에게 주시는 약속입니다. 무엇이든지 원하는 대로 구하라고 하십니다. 주님 안에 거하는 자는 기도의 능력이 있기 때문에 가능합니다. 예수님 안에 거하고 하나님의 말씀을 따라 살면 당연히 예수님이 원하시는 것을 구할 것이고, 하나님의 뜻대로 구하게 될 테니 말입니다.

하나님은 "악인을 멀리하시고 의인의 기도를"(잠 15:29) 들으십니다. 반대로 말하면, 주님 안에 거하지 않고 말씀대로 살지 않으며 성령의 인도하심을 따라 살지 않는 자의 기도는 멀리하신다는 뜻입니다.

나만 잘 믿고 나만 잘 살다가 천국 가면 된다는 안일한 생각에서 벗어나, 하나님 나라를 구하고 그 뜻이 이 땅에 이루어지기를 간절히 바라는 기도를 하십시오. 자기 생각과 자기 삶에서 벗어나 하나님의 생각을 품을 수 있도록 간구하며 기도하십시오. 그렇게 기도할 때 하나님이 심히 기뻐하며 응답하실 것입니다.

또한 먼저 하나님 나라와 의를 구하면 모든 것을 더해 주겠다고 약속해 주셨습니다(마 6:33 참조). 그렇다고 개인 기도를 하지 말라는 것이 아닙니다. 예수님도 일용할 양식을 위해 기도하라고 가르쳐 주셨습니다. 다만 우선순위가 다릅니다. 다른 기도에 앞서 하나님 나라와 그의 의를 위해 먼저 기도해야 합니다.

하나님 나라가 이 땅에 임하도록 구하십시오. 내 뜻, 내 욕망이 아니라 하나님의 뜻이 내가 있는 그곳부터 변화시키도록 구하십시오. 우선순위를 하나님에게 두고 하나님의 말씀에 따라 살 수 있도록 구하십시오. 하나님의 말씀을 이해하고 성령의 인도하심을 따라 기도할 수 있도록 구하십시오. 하나님이 원하시는 영광의 열매를 맺을 수 있도록 기도하십시오.

구한 것을 이루라

하나님에게 영광이 되는 삶의 열매를 맺기 위한 세 번째 단계는 '이루기'입니다.

누구나 알라딘의 요술 램프가 있으면 좋겠다는 생각을 한 번쯤은 해 봤을 것입니다. 무슨 소원이든 들어주는 요술 램프가 있다면 세상에 부러울 것이 없을 것입니다. 고백하거니와 저는 이미 요술 램프를 가지고 있습니다. 알라딘의 요술 램프는 아니지만, 훨씬 더 강력합니다. 바로 하나님의 말씀입니다.

"너희가 내 안에 거하고 내 말이 너희 안에 거하면 무엇이든지 원하는 대로 구하라 그리하면 이루리라 너희가 열매를 많이 맺으면 내 아버지께서 영광을 받으실 것이요 너희는 내 제자가 되리라"(요 15:7-8).

주님 안에 거하고 주님의 뜻대로 구하면 무엇이든지 이루리라고 약속해 주셨습니다. 이것이야말로 그 어떤 요술 램프보다 더 확실하고 분명한 약속입니다.

여기서 우리말 '이루리라'로 번역된 곳의 영어 번역은 'will be given to you(NIV)/will be done for you(NASB)'입니다. 같은 표현이 신약에 여러 군데 등장합니다. 예를 들어, "너희 중의 두 사람이 땅에서 합심하여 무엇이든지 구하면 하늘에 계신 내 아버지께서 그들을 위하여 이루게 하시리라"(마 18:19)에도 '이루다'가 동일하게 쓰였습니다. 정확하게 표현하자면, '대신 이루어 주리라'로 이해할 수 있습니다. 하나님 아버지가 우리를 대신해서 응답하고 행하신다는 뜻입니다.

하나님은 무엇 때문에 우리에게 이런 약속을 주셨을까요? 하나님 자신의 영광을 위해서입니다. 우리가 예수님 안에 거하고 하나님의 말씀으로 구하며 주님 안에서 열매를 맺으면 하나님이 영광을 받으십니다.

최근 하나님의 영광을 가리는 교회나 성도나 목회자의 소식을 심심찮게 접하게 됩니다. 내부에서 분열하거나 외부에서 공격받는 교회도 많습니다. 우리 사회에서 기독교의 이미지가 얼마나 큰 타격을 입었는지 모릅니다. 정말로 가슴 아픈 현실입니다. 이제는 하나님에게 영광을 돌려 드려야 할 때입니다. 성도는 자기 삶에서 하나님의 영광이 드러나도

록, 교회는 지역 사회에서 하나님의 영광을 나타낼 수 있도록 노력해야
할 때입니다.

그러기 위해서는 옷깃을 여미어 말씀과 기도에 더욱 힘쓰고 전도의
열매를 맺어야 합니다. 오직 복음, 오직 예수 그리스도에 소망을 두고
미래를 준비해야 합니다. 날마다 예수님의 십자가 보혈의 능력으로 스
스로를 깨끗케 하며 순결한 마음으로 예수님 안에 거해서, 구할 때마다
하나님의 뜻이 이루어지고 하나님 나라가 확장되는 역사가 하나님의 거
룩한 백성에게 일어나기를 소망합니다.

주님 안에 거하고 주님의 뜻대로 구하면
무엇이든지 이루리라고 약속해 주셨습니다.
이것이야말로 그 어떤 요술 램프보다
더 확실하고 분명한 약속입니다.

확신하다

||||||||

분명한 정체성은 선명한 확신이 된다

삼상 16-17장

표준국어대사전 | 확신하다

"굳게 믿다."

담대함으로 영광을 올리라

사울 왕이 하나님의 명령을 무시하고 제멋대로 제사를 올리자 하나님은 사울을 버리셨습니다. 사무엘 선지자는 무척 슬펐지만 사울을 다시는 만나지 않았습니다. 하나님의 영이 떠난 후로 사울 왕은 늘 불안에 떨며 이스라엘 온 지역에 사람을 심어서 사무엘의 일거수일투족을 살폈습니다.

이처럼 사무엘이 위협당하고 있을 때, 하나님은 그를 베들레헴으로 보내시어 새로운 왕을 세우게 하셨습니다. 베들레헴의 장로들은 자기들 목이 날아갈까 봐 떨며 사무엘을 맞이했지만, 사무엘은 그들을 안심시키고 이새의 가족을 제사에 초청했습니다.

바로 그곳에서 이새의 여덟 번째이자 막내아들인 다윗이 세상에 모습을 드러냅니다. 하나님이 그를 택하셨습니다. 사무엘이 택하심의 상징으로 다윗의 머리에 기름을 부었습니다. 그때 이후로 다윗이 하나님의 영에 크게 감동되었다고 성경은 기록하고 있습니다(삼상 16:13 참조). 기름은 성령을 상징합니다. 즉, 다윗에게 성령이 임해서 그때 이후로 성령 충만해졌다는 뜻입니다. 다윗은 이전과는 다른 사람으로 변화되었습니다.

작지만 위축되지 않고, 연약하지만 승리를 거머쥘 줄 알았던 다윗을 통해 하나님이 주신 담대함으로 인생에 승리할 수 있는 비결을 살펴보겠습니다.

성령으로 충만하라

돌멩이를 던져서 거인 골리앗을 쓰러뜨린 것으로 유명한 소년 다윗은 언제부터 그렇게 용감했을까요? 그의 담대함의 비결은 훨씬 이전 시기에서 찾을 수 있습니다. 바로 선지자 사무엘이 그에게 기름을 부었던 때입니다. 그때 그에게 성령이 임하셨습니다. 여기서 성도의 담대함의 첫 번째 비결을 찾을 수 있습니다. 바로 성령 충만입니다.

성령이 임하시기 전에 다윗은 어떤 소년이었을까요? 성경은 이렇게 묘사합니다.

"그의 빛이 붉고 눈이 빼어나고 얼굴이 아름답더라"(삼상 16:12).

현대인의성경은 "그는 혈색이 좋고 눈에는 총기가 넘쳐흐르는 잘생긴 소년이었다"고 옮겼습니다.

그렇다면 성령이 임한 뒤에는 어떻게 달라졌을까요? "수금을 탈 줄 알고 용기와 무용과 구변이 있는 준수한 자라 여호와께서 그와 함께 계시더이다"(삼상 16:18)라는 평가를 받는 소년이 되었습니다. 엄청난 변화가 보입니까? 이전에는 잘생긴 외모로만 평가받았지만, 성령이 임하시자 외모뿐 아니라 인격까지 변했습니다. 말을 잘할 뿐만 아니라 분별력 있고 지혜로워졌으며, 악기 연주에 능하고 용감하기까지 했습니다. 가장 주목할 것은, 사람들이 '여호와가 그와 함께' 계심을 알아볼 만큼 깊은 영성의 소유자가 되었다는 사실입니다.

성령 충만으로 인한 변화에 관해 예수님은 제자들에게 "오직 성령이 너희에게 임하시면 너희가 권능을 받고 예루살렘과 온 유대와 사마리아와 땅 끝까지 이르러 내 증인이 되리라"(행 1:8)고 말씀하셨습니다. 이처럼 성령의 역사하심이 있고 없고는 천지 차이입니다.

소년 다윗은 골리앗 앞에서 당당하고 담대하게 선포했습니다.

"너는 칼과 창과 단창으로 내게 나아오거니와 나는 만군의 여호와의 이름 곧 네가 모욕하는 이스라엘 군대의 하나님의 이름으로 네게 나아가노라 오늘 여호와께서 너를 내 손에 넘기시리니 내가 너를 쳐서 네 목을 베고 블레셋 군대의 시체를 오늘 공중의 새와 땅의 들짐승에게 주어 온 땅으로 이스라엘에 하나님이 계신 줄 알게 하겠고 또 여호와의 구원하심이 칼과 창에 있지 아니함을 이 무리에게 알게 하리라 전쟁은 여호와께 속한 것인

즉 그가 너희를 우리 손에 넘기시리라"(삼상 17:45-47).

이는 성령의 기름부으심이 있어서 가능한 일이었습니다. 베드로가 유대인들 앞에서 담대하게 복음을 전한 것도, 스데반이 순교하기 전에 담대하게 예수님을 증거한 것도 모두 성령으로 말미암은 것입니다.

성령 충만할 때 세상이 감당할 수 없는 담대함으로 나아갈 수 있음을 믿으십시오. 성령의 도우심으로 하나님을 욕되게 하는 언행과 관습들, 세상적인 사고방식, 사탄 마귀의 계략과 유혹에 담대하게 맞서 싸워 승리하십시오.

하나님의 구원을 기억하라

성도의 담대함의 두 번째 비결은 하나님의 구원을 기억하는 것입니다. 다윗이 골리앗에 맞서 싸우러 나가겠다고 하는데 오히려 사울 왕이 다윗을 만류합니다.

"네가 가서 저 블레셋 사람과 싸울 수 없으리니 너는 소년이요 그는 어려서부터 용사임이니라"(삼상 17:33).

사실에 근거한 매우 현실적인 이야기입니다. 그러나 다윗은 자신이 경험한 하나님의 구원에 관해 간증합니다.

"여호와께서 나를 사자의 발톱과 곰의 발톱에서 건져 내셨은즉 나를 이 블레셋 사람의 손에서도 건져 내시리이다"(삼상 17:37).

다윗은 이미 체험을 통해 하나님이 함께하심을 확신하고 있었던 것입니다.

세계적인 베스트셀러 작가 말콤 글래드웰(Malcolm Gladwell)의 《다윗과 골리앗》(21세기북스 역간)이라는 책이 있습니다. 그가 들려주는 다윗과 골리앗의 이야기는 일반적인 해석과 약간의 차이가 있습니다. 사실 골리앗은 그렇게 무시무시한 거인이 아니었다는 것입니다. 그는 골리앗이 거인증이라고도 하는 말단비대증을 앓고 있었고, 그로 인해 시력이 좋지 않았으며, 다윗이 던진 돌멩이를 피할 수 없을 만큼 몸이 둔했다고 주장합니다.

그가 말하고자 하는 바는 '강력하고 힘센 것들이 겉보기와 늘 같지는 않다'는 것입니다. 겉모습만 보고, 규모만 보고 지레 겁먹어 낙심하지 말라는 메시지입니다. 오히려 크고 힘센 상대는 그 비대함으로 인해 더 많은 장애를 가지기 마련이라고 말합니다.

설령 그의 말이 사실이라고 해도, 사울이나 이스라엘 백성 모두 그 사실을 눈치 채지 못했다는 것을 알 수 있습니다. 사울 자신도 다른 이스라엘 백성보다 머리 하나가 더 큰 사람이었습니다. 그런 그도 골리앗과는 상대가 되지 않는다며 낙담하고 두려워 떨고 있던 상황입니다. 모든 사람이 부정적인 생각에 둘러싸여 있었음에도 불구하고 다윗은 변함없이 담대했습니다. 자칫하면 목숨을 잃을 수도 있는 상황이라는 것을 모르고 있었을까요? 아닙니다. 사자와 곰보다는 골리앗이 덜 위협적인 존재였을까요? 아닙니다.

그렇다면 무엇이 다윗을 그토록 담대하게 만들었을까요? 다윗은 사울이 경험하지 못한 하나님의 개인적인 구속의 은총을 체험한 사람이었습니다. 그것도 여러 번 살려 주셨습니다. 그는 자신이 경험한 하나님의 구원을 끝까지 잊지 않고 기억했습니다.

"오직 의인은 믿음으로 말미암아 살리라"(롬 1:17)라는 말씀은 눈에 보이는 현실에 얽매이지 않고 하나님이 약속하신 일들이 이루어질 것을 확신하며 사는 것을 뜻합니다. 눈에 보이지 않아도 하나님을 의지하고 나아가는 것입니다.

두려움이 몰려옵니까? 하나님의 구원을 경험했던 순간을 떠올리십시오. 낙심됩니까? 넘어져 있던 나를 하나님이 다시 일으켜 세워 주신 때를 기억하십시오. 너무 큰 문제에 부딪혀 앞이 보이지 않습니까? 문제가 아닌 하나님을 바라보십시오. 하나님이 문제에서 건져 주실 것을 믿음의 눈으로 바라보십시오. 지금까지 살아온 것이 다 하나님의 은혜임을 기억하십시오.

하나님 안에서 올바른 정체성을 가지라

성도의 담대함의 세 번째 비결은 하나님 안에서의 올바른 정체성입니다. 다윗은 목동 시절에 사무엘 선지자에게서 기름부음을 받고 자신이 장차 이스라엘의 왕이 될 것을 이미 알고 있었습니다. 아직 왕은 아니었지만 블레셋 군대 앞에서 이스라엘의 왕다운 말을 합니다.

"이 블레셋 사람을 죽여 이스라엘의 치욕을 제거하는 사람에게는 어떠한 대우를 하겠느냐 이 할례 받지 않은 블레셋 사람이 누구이기에 살아 계시는 하나님의 군대를 모욕하겠느냐"(삼상 17:26).

골리앗으로부터 조롱을 받은 이스라엘 군인들의 마음을 시원하게 해 주는 말입니다. 그런데 형 엘리압이 오히려 다윗에게 화를 내며 그의 인격을 짓밟는 말을 내뱉습니다.

"나는 네 교만과 네 마음의 완악함을 아노니 네가 전쟁을 구경하러 왔도다"(삼상 17:28).

그러나 다윗은 인격적인 공격에도 불구하고 하나님 안에서 올바른 정체성을 가지고 있었기에 흔들리지 않았습니다. 사울이 자기 군복과 갑옷을 입히려 할 때도 다윗은 지혜롭게 거절했습니다. 전쟁터에서 익숙하지도 않은 옷을 억지로 입는 어리석음에 빠지지 않은 것입니다. 골리앗에게는 자신이 하나님에게 속해 있음을 당당하게 외쳤습니다.

"나는 만군의 여호와의 이름 곧 네가 모욕하는 이스라엘 군대의 하나님의 이름으로 네게 나아가노라"(삼상 17:45).

닐 앤더슨(Neil T. Anderson)의 저서 《이제 자유입니다》(죠이선교회 역간)에 '그리스도 안에서 내가 누구인지 알기'(Knowing Who I am in Christ)라는 제목의 목록이 실려 있습니다. 성경 구절을 정리해서 만든 것입니다. 말 그대로 그리스도 안에서 내가 누구인지를 알 수 있게 해 줍니다. 몇 가지 예를 들면, 다음과 같습니다.

나는 하나님의 입양된 자녀다(요 1:12).

나는 예수님의 친구다(요 15:15).

나는 의롭다 함을 받았다(롬 5:1).

나는 주님과 한 영이다(고전 6:17).

나는 하나님의 소유이다(고전 6:19-20).

나의 모든 죄는 용서받았다(골 1:13-14).

나는 그리스도 안에서 충만하다(골 2:9-10).

나는 예수 그리스도를 통해 하나님 앞으로 담대하게 나아갈 수 있다(히 14:14-16).

나는 정죄함에서 자유를 얻었다(롬 8:1-2).

나는 모든 것이 합력하여 선을 이룰 것을 보장 받았다(롬 8:28).

나는 하나님의 사랑으로부터 분리될 수 없다(롬 8:31-39).

나는 하늘나라 시민이다(빌 3:20).

나는 열매 맺도록 부름 받았다(요 15:16).

나는 하나님의 성전이다(고전 3:16).

나는 화목의 대사다(고후 5:17-21).

나를 예수 그리스도와 하늘에 앉게 하셨다(엡 2:6).

나는 하나님의 피조물이다(엡 2:10).

나는 그리스도 안에서 모든 것을 할 수 있다(빌 4:13)

그리스도 안에서 자신이 누구인지를 정확히 알면 주위에서 아무리 공격해도, 말도 안 되는 시비를 걸어도 담대하게 맞서서 승리할 수 있습니다.

다윗과 골리앗 이야기의 진짜 주인공은 하나님이십니다. 하나님이 때마침 다윗을 전쟁터로 보내셨고, 다윗은 하나님의 군대를 모욕하는 블레셋 사람들에게 누가 진정한 신인지를 보여 주기 위해 담대하게 나섰습니다. 그곳에 모인 이스라엘 군대와 블레셋 군대는 이것이 사람의 대결이 아닌 신들의 전쟁임을 알아차렸습니다. 하나님은 다윗을 통해 온 천하에 구원의 능력과 영광을 마음껏 드러내셨습니다.

미국의 제16대 대통령 에이브러햄 링컨(Abraham Lincoln)은 "하나님이 우리 편에 계신 것이 중요한 게 아니라 우리가 하나님의 편에 있다는 것이 중요하다. 왜냐하면 하나님은 언제나 옳으시기 때문이다"라고 말했습니다. 우리는 이미 예수 그리스도를 믿고 구속함을 얻었으며, 성령을 받고 주님 안에서 올바른 정체성을 찾았습니다. 우리가 할 일은 담대하게 나아가는 것뿐입니다. 하나님에게 의지해서 골리앗과 같은 세상에 믿음의 돌멩이를 던지는 담대함을 소유하십시오.

18

임하다

||||||||

하나님은 일상의 자리로 찾아오신다

마 13:31-33

표준국어대사전 **임하다**

"하늘의 신성이 인간이나 인간 세계에 미치다."

성숙한 성장에 이르게 하는 가르침

가족과 서점에 갔다가 아이들이 읽을 책을 고르고 나서 서가 사이를 느긋이 다니며 책 구경을 했습니다. 그러다가 한 책이 눈에 들어왔습니다. 몇 년 전에 읽었던 책인데, 오랜만에 다시 들춰 봤습니다. '복잡한 세상을 이기는 단순함의 힘'이라는 부제가 달린 《원씽》(비즈니스북스 역간)이란 책으로, 표지에 큼지막하게 '한 가지에 집중하라!'라고 쓰여 있습니다. 어떻게 하면 가장 본질적인 한 가지에 집중할 수 있는가에 관한 책입니다. 성숙하게 성장하는 조직일수록 가장 중요한 한 가지에 집중한다고 합니다. 책은 작은 조직이 성장하다가 본질을 잊게 되면, 성장은 계속될지라도 성숙이 멈추고, 나중에 어려움을 당할 때 이길 힘이 없어진다고 말합니다.

교회는 무엇에 집중해야 할까요? 하나님 나라와 뜻이 이루어지는 것에 집중해야 합니다. 이 한 가지 본질을 잊지 않을 때 성숙한 성장을 이어 갈 수 있습니다.

겨자씨 비유는 예수님이 하나님 나라에 관해 들려주신 여러 비유 중의 하나입니다. 예수님은 씨 뿌리는 자의 비유로 시작해서 가라지 비유, 겨자씨와 누룩 비유, 감추인 보화와 진주 비유 그리고 그물 비유까지 일곱 가지 이야기를 들려주셨습니다.

그중에서도 겨자씨와 누룩 비유는 마가복음과 누가복음에도 나올 만큼 제자들에게 잘 알려진 말씀이었습니다. 그래서 그런지 씨 뿌리는 자의 비유와 가라지 비유와 그물 비유는 예수님이 친히 해석하고 설명도 해 주셨는데, 겨자씨와 누룩 비유는 설명이 없습니다.

겨자씨 비유는 주로 하나님 나라가 이 땅에서 어떻게 확장되어 가는지에 관한 비유로 해석됩니다. 즉 하나님 나라의 성장과 확장의 진리를 보여 준다고 긍정적으로 해석합니다. 하나님 나라의 놀라운 가능성과 위대한 잠재력에 관한 교훈을 얻을 수 있습니다. 그러나 모든 일에는 양면성이 있듯이, 이 비유에는 하나님 나라의 성장을 위협하는 사탄의 공격을 경고하는 메시지도 담겨 있습니다.

그렇다면 예수님의 비유를 통해 우리 삶이 말씀의 진리 위에 바로 서게 하는, 하나님 나라를 위한 성숙한 성장에 이르게 하는 가르침은 무엇일까요?

첫 번째 가르침은 '하나님이 작고 연약한 것을 사용하신다'는 것입니다.

예수님은 천국이 "사람이 자기 밭에 갖다 심은 겨자씨 한 알"(마 13:31)과도 같다고 말씀하십니다. 겨자씨는 작기도 하지만, 보잘것없음과 연약함의 상징입니다. 더 크고 멋진 씨앗들이 많은데 볼품없는 작은 겨자씨를 비유로 삼으셨습니다.

하나님 나라는 보잘것없는 목수의 아들과 이름 없는 열두 명의 시골 청년들로부터 시작되었습니다. 아무 배경도 없고, 돈도 없고, 배운 것도 없는 미천한 사람들을 사용하셨습니다. 백성들이 내세울 것 없는 이들에게 환호를 보내자 이스라엘 지도자들은 질투심에 눈이 멀어 예수님을 십자가에 못 박았습니다.

하지만 그것이 끝이 아니었습니다. 예수님은 다시 살아나셨고, 제자들은 하나님 나라 사역을 더욱 열심히 해 나갔습니다. 세상의 상식으로는 이해할 수 없는 일입니다. 세상과 정반대되는 가치관이기 때문입니다.

하나님은 작고 연약한 존재를 들어 사용하기를 즐기십니다. 더 정확히 말하자면, 작고 연약하지 않으면 하나님이 사용하실 수가 없습니다. 하나님 나라를 선포한 세례 요한을 보십시오. 그는 당시에 제일 유명하고 잘나가는 선지자였습니다. 성령이 그와 함께함이 분명했고, 그에게 세례를 받기 위해 큰 무리가 나아오곤 했습니다.

그런데 예수님이 나타나시자 무리가 세례 요한에게서 예수님에게로 옮겨 갔습니다. 세례 요한의 제자들이 불만을 드러냈지만, 요한은 "그는 흥하여야 하겠고 나는 쇠하여야 하리라"(요 3:30) 하고 말할 뿐이었습니다. 이것이 우리의 고백이 되어야 합니다. 사람들은 세례 요한을 한물간 유명인으로 봤을지 몰라도 예수님은 "여자가 낳은 자 중에 세례 요한보다 큰 이가 일어남이 없도다"(마 11:11)라고 말씀하셨습니다.

하나님 나라가 무엇입니까? 구속사적으로 보면, 예수님이 이 땅에 오심으로써 하나님 나라가 임했습니다. 새로운 시대가 열린 것입니다. 주님이 부활하시어 승천하신 뒤에는 성령의 시대가 열렸습니다. 하나님 나라는 주님이 계신 곳, 성령이 살아 역사하시는 바로 그곳입니다. 언젠가 믿음의 싸움을 다 마치고 편히 쉴 곳이 하나님 나라지만, 지금 이 땅에서 주님과 동행하는 삶이나 주님이 통치하시는 믿음의 공동체도 하나님 나라입니다.

하나님 나라가 우리 삶에 임하기를 원합니까? 하나님 나라가 우리 공동체에서 이루어지기를 바랍니까? 그러기 위해서는 예수님이 흥하셔야 합니다. 동시에 나는 쇠하여야만 합니다. 주님이 사시고 내가 죽을 때, 그때 내 삶과 내 가족과 내 교회와 우리 사회와 이 민족에 하나님 나라가 풍성히 임할 것을 믿어야 합니다.

혹시 가진 것이 없어서 하나님 나라를 위해 할 수 있는 것이 아무것도 없다고 생각하지는 않습니까? 잘못된 생각입니다. 오히려 우리는 가진 것이 너무 많아서 하나님에게 사용 받지 못하지나 않을까 염려해야 할 시대를 살고 있습니다. 예수님은 "만일 너희에게 믿음이 겨자씨 한 알 만큼만 있어도 이 산을 명하여 여기서 저기로 옮겨지라 하면 옮겨질 것이요 또 너희가 못할 것이 없으리라"(마 17:20)라고 말씀하셨습니다. 또 "착한 종이여 네가 지극히 작은 것에 충성하였으니 열 고을 권세를 차지하라"(눅 19:17)라고 말씀하실 정도로 작은 것을 소중하게 여기셨습니다.

그렇다면 크고 강한 것은 나쁜 것일까요? 아닙니다. 하나님 앞에서 그 중심을 낮추고 항상 겸손하다면 나쁠 것이 없습니다. 오히려 더 크게 사용하실 수 있습니다. 사도 바울의 높은 지식으로 기독교 교리의 기반을 세우게 하시고, 그가 가진 로마 시민권으로 열방을 향한 선교 사역의 길을 여셨던 것처럼, 하나님은 우리가 가진 것이 크든 작든, 그것을 통해 하나님 나라를 위해 일하게 하실 것입니다.

주님의 일을 하려면 이것저것 포기하고 희생해야 할 것이 많습니다. 차마 포기하지 못하고 움켜쥔 탓에 하나님 나라의 역사를 맛보지 못하고 있지는 않습니까? 그러나 귀 기울여 보십시오. 우리를 죽기까지 사랑하신 주님이 날마다 우리에게 질문을 던지십니다.

'너는 나와 내 복음을 위해 네가 가진 모든 것, 즉 네 소유, 네 부모와 자녀, 네 건강, 네 자유, 네 남은 인생을 잃을 각오가 되어 있느냐?'

두렵고 떨리는 마음으로 "예"라고 대답할 수 있는 자들에게 하나님 나라가 임할 것이기 때문입니다.

온 세상을 다스리는 하나님 나라

하나님 나라를 위한 성숙한 성장의 두 번째 가르침은 '하나님 나라는 온 세상을 다스릴 능력이 있다'는 것입니다.

예수님은 천국이란 "마치 여자가 가루 서 말 속에 갖다 넣어 전부 부풀게 한 누룩"(마 13:33)과도 같다고 말씀하셨습니다. 누룩도 겨자씨처럼 크거나 화려하지 않습니다. 그러나 그 작은 것 안에 엄청난 힘이 담겨 있습니다. 많은 양의 밀가루 반죽을 한껏 부풀게 합니다. 반죽 구석구석으로 퍼져서 그 힘이 닿지 않는 곳이 없습니다. 누룩은 비록 작고 보잘 것없지만, 크고 많은 것을 이기고 다스리는 힘을 보여 줍니다. 곧 하나님 나라는 세상의 모든 영역을 다스릴 능력이 있음을 보여 주는 상징입니다.

하나님의 역사는 대개 거대한 것이 아닌 아주 작은 것으로부터 시작합니다. 비록 크기는 작지만 위대한 가능성이 담긴 것에서부터 그 역사가 시작됩니다. 그것이 바로 사도행전의 역사입니다. 사도행전은 제자들이 걸었던 복음 전도의 역사입니다. 열두 명의 제자가 70명, 500명, 3천 명, 5천 명으로 계속해서 늘어 갔습니다. 고린도교회에서는 1만 명에 달하는 믿음의 사람들이 모이기도 했습니다. 결국 거대한 로마 제국이 예수 그리스도의 복음 앞에 무릎을 꿇지 않았습니까?

초대 교회의 성장이 옛날이야기처럼 들립니까? 지금도 하나님의 놀라운 역사는 계속되고 있습니다. 세계 곳곳에서 성령의 역사가 끊임없이 일어나고 있습니다. 가까운 몽골에서는 2020년까지 인구의 10퍼센트가 예수 그리스도의 제자가 되는 것을 바라보며 교회가 연합해서 기도하고 있습니다. 몽골의 수도 울란바토르에 있는 교회의 90퍼센트가 이 기도 운동에 참여하고 있습니다. 무슬림 인구가 가장 많은 인도네시아에서도 최근 10만 명이 넘는 그리스도인이 수도 자카르타에 모여 기도회를 열었는데, 이것이 전국 300여 도시에 중계되었다고 합니다. 무슬림이 지배하는 나라에서 좀처럼 일어날 수 없는 일들이 일어나고 있습니다. 중국에는 7,500만에서 1억 1천만 명 사이의 그리스도인이 있는 것으로 추정됩니다. 그런데 통계상 매일 3만 5천 명씩 성도가 늘어나고 있다고 합니다. 한때 세계에서 에이즈가 가장 창궐했던 나라 우간다에서는 목회자들이 회개하고 연합해서 기도함으로써 대통령을 포함한 지도층이 하나님의 통치 아래 들어가는 등 놀라운 역사가 계속해서 일어나고 있습니다.

눈에 보이지 않는다고 해서, 피부에 와 닿지 않는다고 해서 하나님 나라가 존재하지 않는 것은 아닙니다. 지금도 하나님의 뜻이 곳곳에서 이루어지고 있습니다. 하나님을 믿고 따르는 작고 연약한 한 사람, 한 교회, 한 학교를 통해 하나님의 역사가 일어납니다.

하나님은 우리 삶의 모든 영역을 다스리길 원하십니다. 내 삶뿐 아니라 내 가정, 내 사업, 우리 교회, 우리나라, 온 세계를 다스리실 능력이 있습니다. 성숙한 성장을 이루려면 삶의 일부가 아닌 모든 영역을 주님에게 드려야 합니다.

나와 내 주변 삶에 하나님 나라가 임하지 않는다면 스스로의 믿음을 점검해 봐야 합니다. 연약한 믿음이 하나님의 역사를 제한하고 있지는 않은지 살펴봐야 합니다. 하나님 나라의 영향력을 과소평가하고 있지는 않은지 돌아봐야 합니다.

믿음의 분량은 어려움 가운데 치열하게 기도하면서 늘어 가기 마련입니다. 저 또한 그런 경험을 합니다. 한 대학의 총장으로서 학교 운영을 위해 기도할 때가 많습니다. 예기치 않게 재정난을 겪을 때도 있었고,

설립 목적에 따른 교육을 펼치기에 역부족인 상황에 부딪히기도 했습니다. 그때마다 간절히 기도했고, 놀라운 은혜를 체험했습니다. 그 덕분에 새로운 도전과 새로운 사역을 계속해서 추진해 가고 있습니다.

하나님은 하나님 나라와 하나님의 뜻을 구하는 한 사람을 찾으십니다. 조직이나 단체나 기관이나 나라가 아닌 한 사람을 찾으십니다. 누룩처럼 세상 모든 영역에 하나님의 뜻을 전하고 하나님 나라가 임하게 하는 귀한 통로가 되기를 소망하십시오.

악한 세력으로부터 믿음을 지키라

하나님 나라를 위한 성숙한 성장의 세 번째 가르침은 '하나님 나라의 성장을 방해하는 사탄의 세력이 있음을 알고 믿음을 끝까지 지켜야 한다'는 것입니다.

겨자씨와 누룩 비유는 하나님 나라의 확장과 성장을 상징적으로 보여 주는 비유로 알려져 있습니다. 하지만 정반대의 해석도 있습니다. 하나님 나라에 훼방을 놓는 사탄의 세력에 관한 비유로도 해석할 수 있습니다.

예수님이 세상에 오시면서 하나님 나라가 도래했지만 아직 미완성인 채로 있습니다. 예수님은 비유를 통해 심판 날까지 사탄이 하나님 나라를 어떤 식으로 위협하는가를 보여 주십니다. 예를 들어, 씨 뿌리는 비유에서 "아무나 천국 말씀을 듣고 깨닫지 못할 때는 악한 자가 와서 그 마음에 뿌려진 것을"(마 13:19) 빼앗는다고 말씀하셨습니다. 여기서 '악한 자'란 사탄을 의미합니다.

겨자씨 비유는 하나님 나라의 성장 가운데 사탄의 역사가 있을 수 있음을 보여 줍니다. 실제로 역사에서 그것을 확인할 수 있습니다. A.D. 4세기에 로마 제국은 기독교를 국교화합니다. 이후에 기독교 왕국(Christendom)으로 불릴 만큼 기독교가 융성해졌습니다. 하지만 시간이 갈수록 복음의 핵심을 잃고, 종교적 껍데기만 남게 되었습니다. 제국은 여전히 부강했으며 그리스도인들을 더 이상 핍박하지 않는 나라가 되어 사제들이 넘쳐났지만, 하나님 나라를 이루지는 못했습니다. 외적으로는 성장했지만 영적으로는 성숙하지 못한 채 피폐해지고 말았습니다.

오늘날 우리 모습은 어떻습니까? 한국 교회의 모습도 다를 것이 없습니다. 70년대에 급격한 성장과 부흥을 이루었던 한국 교회의 현주소는 '위기'입니다. 십자가가 많이 세워졌다고 해서 하나님 나라가 이루어졌다고 할 수는 없습니다. 하나님 나라는 웅장한 교회 건물이나 성도 수나 엄청난 헌금 가운데 임하지 않기 때문입니다. 외적 성장을 영적 성숙으로 착각해서는 안 됩니다.

얼마 전, 한 대형 교회의 제자훈련 세미나에 참석하기 위해 내한한 싱가포르 사역자와 식사를 할 기회가 있었습니다. 그는 '그 교회는 교회가 아니라 제국(empire)'이라면서 자신들을 안내해 준 부목사를 보니 얼마나 바쁜지 몹시 지친 상태였다고 지적했습니다. 그들을 위해 통역해 준 평신도 형제조차도 그 교회와 목회자들의 건강을 걱정하더라는 것입니다. 외부인의 시선으로 봐도 우리나라 대형 교회는 문제가 많아 보인 듯

했습니다.

이것은 비단 몇몇 대형 교회들만의 문제가 아닙니다. 작은 교회라도 복음의 초점을 잃고 외적인 성장에만 관심을 둔다면 세속적인 교회가 되는 것은 당연지사입니다.

정작 중요한 것은 마음속에 있습니다. 우리 마음속에 겨자씨만 한 믿음이라도 있는지, 누룩처럼 힘을 펼칠 하나님의 가능성이 있는지가 중요합니다. 우리에게는 외적 규모의 확대와 성장이 아닌 믿음의 성숙이 필요합니다.

누룩 비유는 사탄이 어떤 방식으로 접근하는지를 보여 줍니다. 사탄은 누룩처럼 교회와 성도들에게 보이지 않게 살며시 스며들어 그 영향력을 확장해 갑니다. 실제로 구약 시대의 이스라엘 백성에게 누룩은 악의 상징이었습니다. 예수님은 "바리새인과 사두개인들의 누룩을 주의하라"(마 16:11)고 가르치셨습니다. 사도 바울도 복음의 핵심에서 벗어난 가르침을 누룩에 비유해서, "적은 누룩이 온 덩이에 퍼지느니라"(갈 5:9)라고 경계했습니다.

작은 구멍 하나가 결국 댐을 붕괴시키듯이, 열 번 찍어 안 넘어가는 나무가 없듯이, 작은 거짓 가르침을 그대로 두면 언젠가는 믿음의 기초를 흔들고 말 것입니다. 예수 그리스도만이 하나님에게로 나아갈 수 있는 오직 한 길이라는 가르침에서 조금만 벗어나도 그 끝에는 천국 문이 아닌 지옥문이 활짝 열려 있을 것입니다.

현대 문화에는 하나님의 말씀에서 벗어난 기준과 가르침이 넘쳐나고 있습니다. 하지만 특별히 주의할 것은 믿음의 공동체에도 그런 일들이 충분히 일어날 수 있다는 것입니다. 이것을 누룩의 비유로 주님이 말씀해 주고 계십니다.

당신의 삶은 어떻습니까? 삶 가운데 세상과 타협하며 살아가는 부분은 없는지, 하나님을 의지한다면서 세상 권력과 돈을 믿고 있지는 않은지, 하나님의 기준보다 세상의 기준을 앞세우며 살아가고 있지는 않은지, 하나님은 사랑이시라는 핑계로 자기 죄를 쉽게 덮어 버리곤 하지는 않는지, 하나님의 명령인 줄 알면서도 순종하지 않는 것은 없는지…. 하나님 앞에서 정결한 삶을 살도록 날마다 자신을 돌아보는 성도가 되십시오.

하나님은 우리를 축복해 주기 원하십니다. 그리고 우리도 하나님에게 축복받기를 열망합니다. 우리가 받는 축복에는 이유가 있습니다. 하나님 나라와 그 뜻을 위해서, 그의 나라가 이 땅에 속히 이루어지도록, 그리고 세상을 향한 하나님의 축복의 통로가 되기 위해서입니다. 나의 잘됨을 위해서가 아니라 하나님의 선한 영향력을 널리 끼치기 위해서입니다.

비록 작고 연약한 겨자씨 같은 존재에 불과할지라도 약할 때 강함 되시는 하나님을 의지해서 선한 영향력을 세상 구석구석에 전하는 성도가 되기를 소망합니다. 믿음의 사람들을 통해 하나님 나라가 주변 사람들에게, 이웃 교회들에, 공동체에, 더 나아가 우리 사회에 아름답게 이루어지기를 소망합니다.

하나님은 우리 삶의 모든 영역을 다스리길 원하십니다.

성숙한 성장을 이루려면 삶의 일부가 아닌

모든 영역을 주님에게 드려야 합니다.